Low Carb
Das Rezeptbuch

Über die Autorin

Marie Gründel studierte Ernährungswissenschaften an der Justus-Liebig-Universität Gießen. Anschließend arbeitete sie mehrere Jahre in einem führenden deutschen Ratgeberverlag. Heute ist sie als Fachjournalistin für Gesundheits- und Genussthemen tätig.

Wichtiger Hinweis

Alle Angaben, Ratschläge und Tipps in diesem Buch wurden nach dem aktuellen Wissensstand sorgfältig erarbeitet. Dennoch erfolgen alle Angaben ohne Gewähr. Verlag und Autoren haften nicht für eventuelle Nachteile und Schäden, die aus den im Buch gemachten praktischen Hinweisen resultieren. Die in diesem Buch enthaltenen Ratschläge ersetzen nicht die Untersuchung und Betreuung durch einen Arzt.

Low Carb

Das Rezeptbuch

Inhalt

Einleitung 6

Salate 18
Raffinierte Salate mit Sattmachgarantie

Suppen 32
Heißgeliebtes aus dem Suppentopf

Fleisch 46
Verführerische Rezepte für Eingefleischte

Fisch 60
Köstliches aus Meer & Fluss

Vegetarisches 74
Genuss ohne Fleisch

Beilagen & Snacks 90
Kleine Köstlichkeiten

Desserts & Süßes 112
Schlemmen ohne Reue

Rezeptverzeichnis 126

Hinweise zum Buch 128

Einleitung

Low Carb
Abnehmen mit Genuss

Kohlenhydrate mussten in letzter Zeit massive Kritik einstecken: Schuld seien sie am stetig steigenden Übergewicht und weiteren Krankheiten. Nudeln, Reis, Kartoffeln, Brot und Brötchen bestimmen nahezu jede Mahlzeit, Kuchen und Gebäck gibt es an jeder Ecke – die gesamte westliche Ernährung ist auf Kohlenhydrate als Hauptenergiespender ausgerichtet. Seit Kindesbeinen an gibt es Müsli oder Toastbrot zum Frühstück, Pausenbrot in der Schule, Nudeln oder Pizza zum Mittag und Käse- oder Wurstbrot zum Abendessen. Und das soll jetzt plötzlich krank machen?

Kohlenhydrate sind für den Körper eine wichtige Energiequelle. Doch sind Kohlenhydrate nicht gleich Kohlenhydrate. Kurzkettige Kohlenhydrate, wie Zucker und Weißmehl, werden vom Körper rasch zersetzt, der Blutzuckerspiegel rast in die Höhe und sinkt danach rapide in den Keller. Die Folge: Heißhunger! Ein Teufelskreis entsteht: Diese Kohlenhydrate steigern das Verlangen nach „immer mehr" und begünstigen dadurch Übergewicht mit seinen Begleit- und Folgeerkrankungen wie Diabetes mellitus, Bluthochdruck und Herz-Kreislauf-Beschwerden. Langkettige Kohlenhydrate hingegen, wie sie in Ballaststoffen oder resistenter Stärke enthalten sind, können vom Körper nicht so schnell zersetzt werden. Sie werden erst nach und nach durch die Verdauungsenzyme abgebaut und freigesetzt – so bleibt der Blutzuckerspiegel von hohen Schwankungen verschont und Sie bleiben zudem länger satt.

Wunderwaffe Low Carb

Der Begriff „Low Carb" stammt aus dem Englischen. „Carb" steht für „Carbohydrates" und bedeutet „Kohlenhydrate". Low Carb heißt also nichts anderes als „wenig Kohlenhydrate". Menschen, die Übergewicht reduzieren oder ihrer Gesundheit etwas Gutes tun wollen, reduzieren Kohlenhydrate. Vor allem die kurzkettigen Kohlenhydrate aus Weißmehl und Zucker sollten zu diesem Zweck eingespart und ersetzt werden, denn diese verursachen wie schon beschrieben Blutzuckerschwankungen mit einhergehendem Heißhunger und der Gefahr für Übergewicht. Wer kohlenhydratreduziert isst und seinen Teller mit magerem Protein und guten Fettquellen füllt, kann damit Übergewicht bekämpfen und Gewicht verlieren.

Außer den Blutzuckerschwankungen, die kurzkettige Kohlenhydrate auslösen, werden von der Low-Carb-Bewegung auch die menschlichen Gene als Argument für eine kohlenhydratreduzierte Kost herangezogen. Die These: Schon die Urmenschen haben sich kohlenhydratarm ernährt. Im Sommer gab es wenige Früchte, vor allem aber eiweiß- und fettreiches Fleisch, Pilze und was Wald und Wiesen sonst noch so hergaben. Laut dieser Theorie ist der Mensch also genetisch gar nicht für die hohe Kohlenhydratzufuhr gerüstet und verfettet dementsprechend unter der Last der westlichen Küche.

Um dem zu entgehen, müssen die Kohlenhydrate reduziert werden, es gibt ab jetzt „Low Carb". Low Carb enthält reichlich Eiweiß, welches gut und langanhaltend sättigt. Zwischenmahlzeiten fallen weg, Kalorien werden gespart, das Gewicht sinkt bei guter Laune und sattem Bauch. Außerdem werden durch das Meiden oder Reduzieren von Brot, Brötchen, Gebäck und Süßem viele Kalorien eingespart, was sich wiederum auf der Waage bemerkbar macht.

Doch es gibt noch einen weiteren Grund, warum Low Carb so gut funktioniert: Insulin! Insulin ist ein körpereigenes Hormon, das ausgeschüttet wird, wenn Zuckermoleküle ins Blut gelangen. Sobald sich Insulin im Blut befindet, wird kein Fett mehr abgebaut, da die bevorzugte Energieform des Körpers Zucker ist. Ist der Zucker aus dem Blut verschwunden, greift der Körper auf die Zuckerdepots in Form von Glykogen in Muskeln und der Leber zurück. Und erst, wenn auch die Vorräte erschöpft sind, greift der Körper die Fettdepots an. Denn es ist für den Körper sehr mühsam Fett so umzubauen, dass er dieses als Energie für sich nutzen kann. Deshalb gilt: Solange Insulin im Blut verfügbar ist, kann Mensch machen was er will, die Fettreserven sind blockiert, da gibt es kein Rankommen. Je mehr Kohlenhydrate verspeist werden, desto schwieriger ist es, die Rettungsringe wieder loszuwerden. Schon ein Glas Apfelschorle am Nachmittag nach dem Joggen reicht, um der Fettverbrennung einen Riegel vorzuschieben. Denn sobald sich Zucker im Blut befindet und Insulin ausgeschüttet wird, ist Schluss mit der Fettverbrennung – egal, wie schweißtreibend und anstrengend der Lauf zuvor war.

Positive Low-Carb-Effekte

- Macht durch den hohen Proteinanteil länger satt.
- Spart Kalorien, da Zwischenmahlzeiten aus Süßem oder Mehligem wegfallen.
- Ist die Ernährungsform, auf die unser Körper seit der Steinzeit programmiert ist.
- Verhindert eine ständige Insulinausschüttung und ermöglicht dadurch erst den Fettabbau.

Die Atkins-Diät

Dr. Robert Atkins war ein amerikanischer Kardiologe, der schon in den 70er Jahren die Meinung vertrat, dass eine Ernährung basierend auf Fleisch, Fisch, Eiern und Käse die Pfunde zum Schmelzen bringen würde. Der Fettgehalt spiele dabei keine Rolle. Einzig kohlenhydrathaltige Lebensmittel durften in nur geringen Mengen auf dem Speiseplan stehen.

Zwar nahmen die Menschen damit tatsächlich rasch ab, aber ein hoher Fettverzehr und Kohlenhydratmangel können langfristig zu Herz-Kreislauf-Beschwerden und Nierenproblemen, aber auch zu Obstipation, also Verstopfung, führen. Durch die Einseitigkeit dieser Ernährungsform können wichtige Nährstoffe zu kurz kommen, sie ist potenziell gesundheitsgefährdend und daher nicht zu empfehlen. Dennoch war mit dieser Diät quasi die Idee der Kohlenhydratreduktion zum Gewichtsverlust geboren.

Low-Carb-Varianten

Während Atkins einen Kohlenhydratanteil von 15 % vorsah, gehen die meisten heutigen Empfehlungen mit der Kohlenhydratmenge moderater um. Eine Variante von Low Carb sieht eine Kohlenhydratmenge von 70–120 g pro Tag vor. Eine andere legt die Kohlenhydratmenge mit weniger als 40 % der Tagesenergiebilanz fest. Wieder andere Varianten berücksichtigen nicht nur die Kohlenhydratmenge, sondern auch die Geschwindigkeit in der die aufgenommenen Kohlenhydrate den Blutzuckerspiegel erhöhen, da ein schnell in die Höhe schießender Blutzuckerspiegel auch mit einer hohen Insulinausschüttung einhergeht. Das LOGI-Programm (Low Glycemic and Insulinemic Diet) steht etwa für eine solche Variante der Low-Carb-Ernährung, die sehr eiweißreich und zudem zucker- und stärkereduziert ist. Eine weitere kohlenhydratmodifizierte Ernährung sieht nur abends eine Low-Carb-Mahlzeit vor. Der Gedanke dahinter: Wer abends keine Kohlenhydrate isst, zwingt den Körper dazu, nachts zuerst die Kohlenhydratspeicher zu leeren und für weitere Energiegewinnung Fett zu verbrennen.

Das Low-Carb-Programm in diesem Buch sieht eine kohlenhydratmodifizierte Ernährung mit einem Kohlenhydratanteil von unter 40 % am Tag vor (siehe auch Abschnitt „Low Carb: So funktioniert´s). Das lässt sich gut durchhalten, ist im Alltag einfach umzusetzen und dennoch klappt das Abnehmen besser, weil durch die geringeren Insulinmengen der Fettabbau ermöglicht wird.

Ganz ohne Kohlenhydrate kann man zwar eine Zeit lang leben, aber auf Dauer nicht gesund bleiben. Der absolute Verzicht auf Obst, Gemüse, Getreide und weitere Kohlenhydratquellen geht mit einem starken Nährstoffmangel einher und die Risiken für Herz-Kreislauf-Erkrankungen steigen. Außerdem kann eine solch strikte Variante kaum jemand dauerhaft durchhalten. Aus gesundheitlichen- sowie motivatorischen Gründen ist es daher nicht zu empfehlen, gänzlich auf Kohlenhydrate zu verzichten.

Worin verstecken sich Kohlenhydrate?

Wer auf Kohlenhydrate verzichten oder diese zumindest reduzieren möchte, muss wissen, worin sich diese befinden, teilweise gar verstecken. Als grobe Faustregel gilt: Alles mit Zucker, Stärke oder Getreide enthält Kohlenhydrate. Damit fallen auch viele schnelle Snacks, Lieblingsgerichte und typische Beilagen weg. Brot, Brötchen, Kuchen, Gebäck, Nudeln, Kartoffeln, Reis, Mehl, Pommes, Pizza und Döner ... das alles ist nicht mehr in größeren Mengen erlaubt.

Aber auch die meisten Obstsorten enthalten jede Menge Kohlenhydrate in Form von Fruchtzucker. Versteckte Kohlenhydrate lauern vor allem dort, wo man sie nicht vermutet: In Ketchup, Fruchtjoghurt, Pflanzenmilch (Soja-, Hafer-, Reis-, Mandelmilch), Fertigsaucen, Rotkohl im Glas, Crema die Balsamico etc.

Was ist Low-Carb-tauglich?

Um sich im Kohlenhydratdschungel zurechtzufinden, helfen ganz allgemein zwei einfache Faustregeln: Vermieden werden sollten zu viele Kohlenhydrate aus Zucker, Stärke, Getreide und Teigwaren. Zugegriffen werden darf bei Fleisch, Fisch, naturbelassenen Milchprodukten, naturbelassenen Sojaprodukten, Seitan, Eiern, Nüssen und Samen, Öl, grünem Gemüse wie etwa grüne Bohnen, Gurke oder Mangold.

Low-Carb-tauglich	Nicht Low-Carb-tauglich
• Fleisch • Fisch • naturbelassene Milchprodukte • naturbelassene Sojaprodukte • Seitan • Eier • Nüsse und Samen • Öl • grünes Gemüse	• Lebensmittel mit Zucker • Stärkehaltige Lebensmittel • Lebensmittel aus Getreide • Teigwaren

Das bedeutet allerdings nicht, dass Sie nie wieder Eis oder Brötchen essen dürfen. Das wäre kontraproduktiv, da diese Regeln nur bewirken, dass erst Recht Heißhunger auf das Verbotene ausbricht. Aber: Überlegen Sie einmal, wie oft bei Ihnen Kohlenhydrate auf den Teller kommen. Brot und Müsli zum Frühstück? Zwischendurch eine Banane oder einen Schokoriegel? Und abends schnell eine Pizza? Genau da können Sie ansetzen!

Low Carb: So funktioniert's

Entrümpeln Sie Ihre alten Essgewohnheiten, schmeißen Sie zu viele Kohlenhydrate raus und steigen Sie auf gute Proteinquellen um. Warum nicht mal ein Omelett zum Frühstück oder ein Steak mit grünem Salat als Abendmahlzeit? Und statt Brötchen mit Marmelade essen Sie ein halbes Brötchen mit Käse oder Kräuterquark.

Wie schon im Abschnitt „Low-Carb-Varianten" beschrieben, sollte der Kohlenhydratanteil Ihrer Mahlzeiten pro Tag unter 40 % liegen, d.h. maximal 40 % der Gesamtkalorien pro Tag werden durch Kohlenhydrate zugeführt (der Rest fällt auf Fette und Proteine). Kohlenhydrate enthalten ca. 4 kcal pro Gramm. Das bedeutet: Bei einer Gesamtkalorienaufnahme von beispielsweise 1200 kcal täglich machen Kohlenhydrate 120 g aus, bei einer Gesamtkalorienaufnahme von 1800 kcal am Tag, liegt die empfohlene Kohlenhydratmenge bei 180 g.

Wenn Sie also gerne mal ein kohlenhydratreicheres Dessert genießen möchten, essen Sie zu den anderen Mahlzeiten etwas, das wenige bis gar keine Kohlenhydrate enthält, z.B. Spiegelei mit Fisch oder Fleisch. Am einfachsten behalten Sie die Kontrolle, wenn Sie bei jeder Mahlzeit darauf achten, dass der Kohlenhydratanteil unter 40 % liegt.

Wer abnehmen möchte, sollte darauf achten, eher proteinreich und fettbewusst zu essen. Proteine sättigen langanhaltend und sind daher fester Bestandteil jeder Mahlzeit. Achten Sie bei den Fetten darauf, möglichst viele „gute" Fette, also mehrfach ungesättigte Fettsäuren, zu sich zu nehmen. In der Praxis bedeutet das beispielsweise Oliven- oder Rapsöl statt Butter oder Avocado statt Schinken oder Gouda in den Salat.

Low-Carb-Regeln

- weniger als 40 % Kohlenhydrate pro Tag
- auf gute Fette achten
- Protein bei jeder Mahlzeit
- viel Salat und grünes Gemüse
- regelmäßig Nüsse und Samen

Am besten Sie verschwenden gar nicht so viele Gedanken an das, was Sie nicht mehr dürfen. Damit die neuen Lebensmittel in Ihrem geänderten Speiseplan bald zur Routine werden, konzentrieren und freuen Sie sich lieber auf und über das, was ab jetzt auf Ihren Teller kommt. Denn mit den richtigen Rezepten macht Low Carb auch kulinarisch betrachtet sehr viel Spaß.

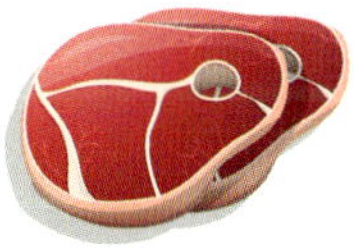

Kohlenhydratarme Lebensmittel	
Fleisch	Schweinefleisch, Rindfleisch, Lammfleisch, Geflügel, Wild, Wurstwaren (Natur)
Fisch	Lachs (Pazifik), Hering (Atlantik), Kabeljau (Ostsee) und andere Fische aus nachhaltiger Fischerei
Gemüse & Salat	Blumenkohl, Spinat, grüne Bohnen, Auberginen, Sauerkraut, Spargel, Gurken, Tomaten, Zucchini, Weißkohl, Wirsing, Zwiebeln, Rhabarber, Feldsalat, Blattsalat
Obst	Papaya, Brombeeren, Himbeeren, Zitrone, Avocado
Nüsse & Samen	Leinsamen, Pekannüsse, Pistazien, Paranüsse, Mandeln, Macadamianüsse, Kokosnüsse, Mohn
Milch & Milchprodukte	Kuhmilch, Schafmilch, Sojamilch (ungesüßt), Buttermilch (Natur), Kefir (Natur), Joghurt (Natur), Crème fraîche, Sahne, Schmand, Feta, Frischkäse, Hartkäse, Weichkäse, Mascarpone, Ricotta, Quark
Sojaprodukte	Tofu (Natur), Räuchertofu, Seitan (Natur), Sojaschnetzel
Eier	

Beilagen

Für viele Menschen gehören Beilagen zu einer erfüllenden Mahlzeit dazu. Kartoffeln, Kroketten, Pommes, Reis, Nudeln – das alles sind beliebte deutsche Beilagen. Couscous, Hirse, Bulgur sind schon etwas exotischer. Doch allen ist eines gemeinsam: Bei einer Low-Carb-Ernährung kommen diese nicht mehr als Tellerfüller vor. Natürlich können Nudeln und Kartoffeln noch weiter gegessen werden, aber eben nicht mehr in großen Mengen. Also muss Ersatz her – und der kann durchaus köstlich sein! Probieren Sie beispielsweise einmal Spaghetti aus Gemüse wie Zucchini oder Kürbis. Auch Chips und Pommes lassen sich wunderbar aus Gemüse statt aus Kartoffeln zubereiten. Als Ersatz für Kartoffeln in Püree und Kroketten eignen sich Blumenkohl und Sellerie ganz hervorragend. Und Weizenmehl lässt sich prima durch Nussmehl (z.B. Mandel- oder Kokosmehl) ersetzen.

Im Kapitel „Beilagen & Snacks" finden Sie Rezepte für Grünkohlchips, Zucchinispaghetti und viele weitere Beilagen, die so köstlich sind, dass Sie den klassischen Sättigungsbeilagen gewiss nicht lange nachtrauern werden. Sie werden sehen: Wenn Sie sich eine Weile kohlenhydratarm ernähren, werden Sie feststellen, dass Sie täglich kreativer und erfinderischer werden. Und nach einiger Zeit finden Sie es ganz normal, dass ein Gericht nicht zwingend eine der altbekannten Beilagen enthält.

Lust auf Snacks

Irgendwann wird er kommen – der kleine Hunger. Die Werbung verspricht Milchreis als ideale Maßnahme. Das ist jedoch weder Low-Carb-konform noch entspricht es einem vollwertigem Snack im Rahmen einer ausgewogenen und gesunden Ernährung. Doch auch sonst sind Snacks meistens sehr kohlenhydrathaltig: (Belegte) Brötchen, Müsliriegel, Chips, Gummibärchen, Kekse und

Gebäck und sogar gesunde Alternativen wie ein Stück Obst oder Fruchtjoghurt. Bei einer Low-Carb-Ernährung muss man sich für schnelle Snacks etwas einfallen lassen und kreativ werden. Denn meistens kommt der kleine Hunger ja überraschend und plötzlich – unterwegs, im Büro – und das meiste, was man auf die Schnelle kaufen kann, ist nicht Low-Carb-tauglich. Sie sollten sich also vorher wappnen – und das ist gar nicht so schwierig wie die folgende Auflistung zeigt.

Geeignete Snacks

- kleine Portion Tomate-Mozzarella-Salat
- kleine Portion Tomate-Feta-Gurke-Salat
- hartgekochtes Ei
- Mandeln, Pistazien, Pekan-, Para- oder Macadamianüsse
- ein Stück Käse pur oder auf einer Reiswaffel (Natur) mit Butter und Feldsalat
- Buttermilch, Joghurt oder Quark (jeweils Natur) mit 50 g Himbeeren oder Brombeeren
- 1–2 Würstchen oder Sojawürstchen
- ½ Gurke zum Dippen mit Kräuterquark
- eingelegte Paprika mit Frischkäse gefüllt
- Hackbällchen ohne Mehl
- eine Tasse Gemüsebrühe
- eine weiche Avocado zum Löffeln mit Salz und Pfeffer
- 1–2 Scheiben kalter Braten
- gegrillte Auberginenröllchen mit Ziegenfrischkäse gefüllt

Low Carb außer Haus

Pasta satt in der Kantine, Geschäftsessen beim Italiener, Candle-Light-Dinner beim Asiaten und am Sonntag ins Wirtshaus – außer Haus lauern die Kohlenhydrate auf jeder Speisekarte. Auch wenn es schnell gehen muss: Fischbrötchen, Döner, Burger – alles voller Kohlenhydrate. Da hilft nur eins: Zur (Curry-)Wurstbude und zu Brötchen und Pommes „Nein danke“ sagen.

Doch im Ernst: Wer häufig unterwegs und außer Haus isst, hat es schwer dabei, Low-Carb-gerecht zu essen. Mit etwas Vorbereitung und Vorkenntnis ist das aber in der Regel problemlos möglich. Wenn Sie folgende Vorgehensweise verinnerlichen und beherzigen, sind Sie schon einen großen Schritt weiter: Ein Gericht mit Fleisch, Fisch, Geflügel, Tofu aussuchen und die Beilage, etwa Brot, Kartoffeln, Pommes, Reis oder Pasta, weglassen oder durch grünes Gemüse, Champignons oder grünen Salat ersetzen. Nicht vergessen, dazu ein zuckerfreies Getränk, idealerweise Wasser, zu bestellen. Konkret kann das aussehen wie im Folgenden beschrieben.

Schnelles auf die Hand

Der Bäcker scheidet aus – also lieber zum Schlachter, an die Fischbude oder in den nächsten Supermarkt. Erlaubt sind beispielsweise:

- Fleisch mit Kraut, z.B. Leberkäse mit Krautsalat oder Kasseler mit Sauerkraut
- Gemischter Salat mit Feta oder Schinken
- Mariniertes, mediterranes Gemüse (Pilze, Zucchini, Aubergine)

- Gebratener, gedünsteter oder gegrillter Fisch (ohne Panade) mit Salat- oder Gemüsebeilage
- Würstchen mit Senf (kein Ketchup, keine Pommes, kein Brötchen)

Beim Italiener

Pizza und Pasta adé. Aber zum Glück gibt es noch andere leckere Gerichte aus der beliebten Mittelmeerküche:

- Tomate-Mozzarella-Salat
- Vitello Tonnato
- Antipasti-Platte, z.B. mit Schinken, Parmesan, Grillgemüse, Mozzarella, Oliven
- Carpaccio
- Fleisch oder Fisch mit Salat- oder Gemüsebeilage

Beim Asiaten

Reis und Frühlingsrollen sind tabu, kross gebratene Entenbrust ist erlaubt. Außerdem möglich:

- Fleisch, Fisch, Tofugerichte mit Gemüsebeilage ohne Reis oder Nudeln
- Klare Suppe ohne Wan Tans oder Nudeln
- Hähnchenspieße mit Sauce

Im Wirtshaus

Braten ja, Kartoffelklöße nein. Halbes Hähnchen ja, Bayerische Creme nein. Auch in der deftigen deutschen Küche wird man fündig und satt mit Low Carb:

- Fleisch und Fisch mit Gemüsebeilage oder Salat
- Salat mit Hähnchenstreifen, Feta oder Schinken
- Klare Suppe, z.B. mit Eierstich
- Omelett oder Spiegelei mit Würstchen, dazu Salat

Low-Carb-Produkte im Handel

Auch der Handel stellt sich langsam auf den Low-Carb-Trend ein. Zunehmend erkennen findige Produzenten das Marktpotenzial, das in der Low-Carb-Bewegung steckt und überschwemmen den Mark mit immer mehr Produkten, die in herkömmlicher Form bei einer kohlenhydratmodifizierten Ernährung tabu wären.

Low-Carb-Brot

Der Verzicht auf Brot ist für viele Menschen mit das größte Problem bei einer Low-Carb-Ernährung – kein Wunder, kommt es doch quasi zu jeder Tageszeit auf den Tisch: vom Frühstück über den Pausensnack bis zum Abendbrot. In Brot stecken viele Kohlenhydrate und daher ist es bei einer Low-Carb-Ernährung mehr oder weniger tabu. Da Brot jedoch zu unserem Essalltag selbstverständlich dazu gehört, gibt es mittlerweile im Handel einen Ersatz dafür, nämlich das sogenannte Eiweißbrot. Bei diesem wurden Weizenmehl und Co. durch z.B. Leinsamen, Nussmehl, Sojamehl und Gluten ausgetauscht. Dadurch enthält es weniger Kohlenhydrate als Getreidebrot. Doch Eiweißbrot aus dem Handel steht in der Kritik zu fettig zu sein. Der Fettanteil liege drei- bis zehnmal höher als bei normalem Brot. Wer gerne Brot isst, sollte sich sein Low-Carb-Brot daher besser selber backen (siehe Rezept Seite 111) und generell eher selten dazu greifen. Lieber eine Scheibe weniger und dafür einen grünen Salat dazu. Und statt immer nur Käse oder Wurst als Belag auch mal Gemüseaufstriche, gebratenen Tofu oder gebratene Pilze, Zucchini oder Aubergine, hartgekochte Eier, weiche Avocado mit Salz, Pfeffer und einem Spritzer Zitronensaft.

Weitere Low-Carb-Produkte

Nicht nur eine neue Brotrezeptur haben die Anhänger der Low-Carb-Ernährung ausgetüftelt. So findet man im Internet auch Pizzateig-Mischungen in der Low-Carb-Variante. Diese sind, ähnlich wie das Brot, meist auf Sojamehl- und Glutenbasis. Einige Menschen reagieren sensitiv auf Soja und/oder Gluten, daher sollten diese hochverarbeiteten Produkte die Ausnahme bilden und nur selten auf dem Teller landen.

In Asialäden findet man unter der Bezeichnung Konjak- oder Shirataki-Nudeln Low-Carb-geeignete Nudeln. Diese werden aus einer japanischen Pflanze hergestellt, sie sind durchsichtig und ähneln der Glasnudel. Konjak-Nudeln sind für klassische Pastagerichte allerdings nicht zu empfehlen, da sie stark quellen und Bauchschmerzen oder sogar Durchfall auslösen können. Außerdem haben sie keinen Eigengeschmack und müssen mit würzigen Zutaten kombiniert werden.

Im Internet findet man überdies Pudding in der Low-Carb-Variante. Dieser enthält viele Zusatzstoffe in Form von Aromen, Farb- und Zuckerersatzstoffen. Für eine gesunde und bewusste Ernährung sind diese Produkte eher nicht zu empfehlen. Dann lieber einen richtigen, kohlenhydrathaltigen Pudding genießen und bei der nächsten Mahlzeit Kohlenhydrate einsparen.

Wir wünschen Ihnen nun viel Spaß, Genuss und Erfolg mit unseren abwechslungsreichen Low-Carb-tauglichen Rezepten!

Salate

Raffinierte Salate mit Sattmachgarantie

Blattsalat mit Hähnchenbrust

Für 4 Portionen
400 g Hähnchenbrustfilet
4 El Sojasauce
1 Tl Honig
¼ Kopf Friséesalat
¼ Kopf Eichblattsalat
¼ Kopf Lollo rosso
4 Tomaten
1 Salatgurke
3 El Sesamsamen
6 El Rapsöl
Saft von 1 Zitrone
1 El Senf
Salz
schwarzer Pfeffer

Zubereitungszeit: ca. 30 Minuten (plus Zeit zum Marinieren und Garzeit)
Pro Portion ca. 330 kcal/1382 kJ
28 g E, 18 g F, 10 g KH

Die Hähnchenbrustfilets unter kaltem Wasser abspülen und trocken tupfen. Dann in 1 cm dicke Streifen schneiden und in eine Schale geben. Die Sojasauce mit dem Honig verrühren und über das Fleisch geben. Das Fleisch 30 Minuten im Kühlschrank marinieren lassen.

Inzwischen die Salate waschen, putzen, in mundgerechte Stücke zupfen und trocken schleudern. Die Tomaten waschen, halbieren, Stielansätze entfernen und achteln. Die Gurke waschen, schälen, längs halbieren und in ½ cm dicke Stücke schneiden. Alle Zutaten in einer großen Schüssel vermischen.

Das Fleisch abtropfen lassen. Die Sesamsamen auf einen Teller geben und das Fleisch darin wälzen. 2 El Öl in einer beschichteten Pfanne erhitzen, die Fleischstreifen dazugeben und unter Wenden ca. 8 Minuten braten.

Für das Dressing das restliche Rapsöl mit dem Zitronensaft und dem Senf verrühren. Mit Salz und Pfeffer würzen. Das Dressing mit dem Salat vermischen. Den Salat auf 4 Teller verteilen und die abgekühlten Hähnchenbruststreifen darauf anrichten. Nach Belieben mit Low-Carb-Brot servieren (siehe S. 111).

Spargelsalat mit Feta und Nüssen

Für 4 Portionen

Für den Salat:

600 g weißer oder violetter Spargel
200 g Tomaten
1 Bund glatte Petersilie
100 g Feta
2 El Rapsöl
Salz
Pfeffer
3–4 El Walnussöl
30 g Walnüsse

Für die Vinaigrette:

2 El Rapsöl
1 El Walnussöl
½ El Rotweinessig
Salz
Pfeffer

Zubereitungszeit: ca. 35 Minuten
Pro Portion ca. 290 kcal/1214 kJ
8 g E, 25 g F, 8 g KH

Den Spargel waschen, schälen und die holzigen Enden abschneiden. Die Stangen schräg in ca. 1 cm große Stücke schneiden. Tomaten waschen und vierteln, die Stielansätze entfernen. Petersilie waschen und trocken schütteln. Die Blätter von den Stielen zupfen und klein schneiden. Feta in kleine Würfel schneiden.

Das Rapsöl bei mittlerer Temperatur in einer Pfanne erhitzen. Spargelstücke zugeben und unter Rühren 5 Minuten braten, dann mit Salz und Pfeffer abschmecken. Das Walnussöl in die Pfanne geben und einmal kurz aufkochen lassen. Die Pfanne vom Herd ziehen.

Für die Vinaigrette Raps- und Walnussöl, Rotweinessig, Salz und Pfeffer verrühren. Die Tomaten auf Tellern anrichten, mit Petersilie bestreuen und die Spargelstücke darauflegen. Fetawürfel darauf verteilen. Die Vinaigrette darüberträufeln und den Salat mit Walnüssen garniert servieren.

Fruchtiger Feldsalat mit Medaillons

Für 4 Portionen

1 Pink Grapefruit
3 Orangen
8 Schweinemedaillons (à ca. 80 g)
Salz
Pfeffer
2 Zweige Rosmarin
3 El Öl
300 ml Gemüsebrühe
100 ml Sahne
200 g Feldsalat
4 El Weißweinessig
4 El Olivenöl
1 Msp. Johannisbrotkernmehl zum Andicken

Zubereitungszeit: ca. 30 Minuten
Pro Portion ca. 500 kcal/2093 kJ
39 g E, 34 g F, 10 g KH

Die Grapefruit und 2 Orangen filetieren, die dritte Orange auspressen. Das Fleisch waschen, trocken tupfen und mit Salz und Pfeffer würzen. Den Rosmarin waschen und trocken schütteln.

Das Öl in einer großen Pfanne erhitzen und das Fleisch darin zusammen mit dem Rosmarin rundherum ca. 1 Minute anbraten. Mit Orangensaft, Brühe und Sahne ablöschen und zugedeckt 4–7 Minuten garen.

Den Feldsalat waschen und trocken schleudern. Für das Dressing Essig mit Salz, Pfeffer und Olivenöl mischen. Die Grapefruit- und Orangenfilets zugeben.

Das Fleisch aus der Pfanne nehmen und in Alufolie wickeln. Den Rosmarin entfernen. Die Pfanne vom Herd nehmen. Das Johannisbrotkernmehl nach Packungsanweisung in kaltem Wasser anrühren und in die nicht mehr kochende Sauce rühren. Einmal aufkochen lassen, dann mit Salz und Pfeffer abschmecken.

Den Feldsalat mit dem Dressing mischen und zusammen mit den Schweinemedaillons und der Sauce servieren. Nach Belieben mit Low-Carb-Brot servieren (siehe S. 111).

Tomate Mozzarella mit Asia-Touch

Für 4 Portionen
4 Fleischtomaten
250 g Mozzarella
1 reife Avocado
½ rote Zwiebel
1 Stück Ingwer (ca. 1 cm lang)
1 Zitrone
1 Bund Koriander
1 El geröstetes Sesamöl
3 El Rapsöl
½ Tl flüssiger Kleehonig
Salz
schwarzer Pfeffer

Zubereitungszeit: ca. 15 Minuten
Pro Portion ca. 430 kcal/1800 kJ
15 g E, 36 g F, 12 g KH

Die Tomaten waschen, halbieren und die Stielansätze entfernen, dann in Scheiben schneiden. Den Mozzarella abtropfen lassen und ebenfalls in Scheiben schneiden. Die Avocado längs rundherum einschneiden, die Hälften gegeneinander drehen und trennen. Den Stein herauslösen. Dann mit einem Löffel das Fleisch auslösen und die Avocadohälften quer in Scheiben schneiden.

Die Zwiebel schälen und in Ringe schneiden. Ingwer ebenfalls schälen und sehr fein hacken. Die Zitrone halbieren und den Saft auspressen. Den Koriander waschen und trocken tupfen. Die Blätter von den Stielen zupfen und fein hacken.

Für jede Portion auf einem Teller Tomatenscheiben, Mozzarella, Avocadoscheiben und Zwiebelringe fächerförmig aufeinanderschichten.

Für das Dressing Öle mit Honig und Zitronensaft verrühren. Mit Salz, Pfeffer und Ingwer würzen. Das Dressing über den Salat träufeln und alles mit gehacktem Koriander bestreut servieren.

Grüner-Spargel-Salat
mit Pesto-Dressing

Für 4 Portionen
600 g grüner Spargel
Salz
100 g getrocknete Tomaten
40 g Pinienkerne
60 g Brunnenkresse
60 g Chicorée
150 g weiße Bohnen (aus der Dose)
1 Zitrone
1–2 El Pesto (Fertigprodukt)
3 El Olivenöl
Pfeffer

Zubereitungszeit: ca. 40 Minuten (plus Gar- und Marinierzeit)
Pro Portion ca. 240 kcal/1005 kJ
11 g E, 16 g F, 14 g KH

Den Spargel im unteren Drittel schälen und die Enden abschneiden. In kochendem Salzwasser 5–10 Minuten bissfest garen, danach abgießen. Den Spargel in ca. 3 cm lange Stücke schneiden.

Die getrockneten Tomaten in kleine Würfel schneiden. Die Pinienkerne ohne Zugabe von Fett in einer beschichteten Pfanne unter Rühren rösten, bis sie beginnen aromatisch zu duften, dann auf einen Teller geben und auskühlen lassen.

Brunnenkresse und Chicorée waschen, trocken schleudern und in mundgerechte Stücke schneiden. Die Bohnen in einem Sieb unter kaltem Wasser abspülen und abtropfen lassen.

Die Zitrone auspressen. Den Saft mit Pesto und Olivenöl verrühren sowie mit Salz und Pfeffer abschmecken. Alle Zutaten in eine Schüssel geben, mit dem Dressing vermischen und vor dem Servieren mindestens 15 Minuten durchziehen lassen.

Bunter Salat mit Steakstreifen

Für 4 Portionen

Für die Steaks:
4 Rindersteaks (à ca. 120 g)
2–3 Knoblauchzehen
5 El Sojasauce
2 El Sherry
5 El Rapsöl

Für den Salat:
1 Stück Ingwer (ca. 1 cm)
6 El Rapsöl
2 El geröstetes Sesamöl
2 Tl Limettensaft
1 El Sojasauce
4 Frühlingszwiebeln
2 Möhren
250 g Baby-Spinat

Zubereitungszeit: ca. 25 Minuten (plus Marinierzeit)
Pro Portion ca. 490 kcal/2052 kJ
29 g E, 39 g F, 7 g KH

Die Steaks waschen und trocken tupfen. Knoblauch schälen und fein hacken. Sojasauce, Sherry, Öl und Knoblauch verrühren und die Steaks darin abgedeckt mindestens 30 Minuten, am besten über Nacht, marinieren lassen.

Für das Salatdressing den Ingwer schälen und sehr fein hacken. 4 El Rapsöl mit Sesamöl, Limettensaft, Sojasauce und Ingwer zu einem Dressing verrühren.

Die Frühlingszwiebeln waschen, putzen und in feine Ringe schneiden. Möhren schälen, putzen und in feine Stifte schneiden. Spinat waschen, putzen und trocken schleudern.

Das restliche Rapsöl in einer Pfanne erhitzen und die Steaks darin von jeder Seite 3–4 Minuten braten. Leicht abkühlen lassen, dann in Streifen schneiden.

Spinat und Möhren mit ⅔ des Dressings vermischen. Den Salat mit den Steakstreifen und den Frühlingszwiebeln anrichten. Mit dem restlichen Dressing beträufelt servieren.

Suppen

Heißgeliebtes aus dem Suppentopf

Paprikasuppe
mit Gruyère

Für 4 Portionen
2 große gelbe Paprikaschoten
2 Schalotten
2 Knoblauchzehen
80 g Mandeln
2 El Olivenöl
1 l Gemüsebrühe
Salz
Pfeffer
60 g Gruyère
2 Stängel Basilikum

Zubereitungszeit: ca. 30 Minuten
Pro Portion ca. 260 kcal/1088 kJ
11 g E, 21 g F, 7 g KH

Paprika waschen, entkernen und grob würfeln. Schalotten und Knoblauch schälen und grob hacken. Einen großen Topf erhitzen und die Mandeln darin unter Rühren rösten, bis sie anfangen zu bräunen und aromatisch duften. Aus dem Topf nehmen und beiseitestellen.

Öl in dem Topf erhitzen und Schalotten und Knoblauch darin glasig dünsten. Paprika zugeben und 10 Minuten unter Rühren anbraten. Die Gemüsebrühe angießen, Mandeln und Salz dazugeben und alles aufkochen lassen. 5 Minuten köcheln lassen, dann alles mit einem Pürierstab pürieren. Mit Salz und Pfeffer abschmecken.

Den Gruyère fein reiben und in die Suppe rühren. Basilikum waschen, trocken schütteln, Blättchen abzupfen und in feine Streifen schneiden. Die Suppe mit Basilikumstreifen bestreut servieren.

Kokos-Möhren-Suppe
mit Garnelen

Für 4 Portionen
500 g küchenfertige Garnelen
2 Knoblauchzehen
1 Stück Ingwer (ca. 2 cm)
1 Stange Lauch
300 g Möhren
½ Bund Koriander
2 El Rapsöl
1 Tl rote Currypaste
1 l Hühnerbrühe
200 ml Kokosmilch
2 El Zitronensaft
Salz

Zubereitungszeit: ca. 20 Minuten (plus Garzeit)
Pro Portion ca. 380 kcal/1591 kJ
26 g E, 22 g F, 13 g KH

Die Garnelen unter kaltem Wasser abbrausen und trocken tupfen. Knoblauch und Ingwer schälen, beides fein hacken.

Den Lauch waschen, putzen und in feine Ringe schneiden. Die Möhren waschen, putzen, schälen und fein würfeln. Den Koriander waschen und trocken tupfen. Die Blättchen von den Stielen zupfen und fein hacken.

Das Öl in einem Topf erhitzen. Garnelen, Knoblauch und Ingwer hinzugeben und darin 1–2 Minuten anbraten, dann die Garnelen herausnehmen. Die Currypaste, Lauch und Möhren hineingeben und unter Rühren 1–2 Minuten dünsten. Dann die Brühe und die Kokosmilch angießen. Das Ganze aufkochen und ca. 2 Minuten köcheln lassen.

Die Suppe mit Zitronensaft, Salz und Koriander abschmecken. Die Garnelen hinzufügen und kurz in der Suppe erwärmen.

Brokkolisuppe

Für 4 Portionen

800 g Brokkoli
2 Zwiebeln
2–3 Knoblauchzehen
ca. 800 ml Gemüsebrühe
4 El gehackter Dill
1 Spritzer Zitronensaft
2 El Olivenöl
3 El Pinienkerne
Salz
Pfeffer
1 Prise Muskat
100 g Crème fraîche

Zubereitungszeit: ca. 15 Minuten (plus Garzeit)
Pro Portion ca. 347 kcal/1453 kJ
9 g E, 27 g F, 10 g KH

Den Brokkoli waschen und putzen. Die Röschen abschneiden, den Strunk schälen und in Stücke schneiden. Zwiebeln und Knoblauch schälen. Die Zwiebeln würfeln, den Knoblauch fein hacken. Brokkoli, Zwiebeln und Knoblauch mit der Gemüsebrühe in einen Topf geben, aufkochen lassen, dann mit geschlossenem Deckel bei mittlerer Hitze ca. 15 Minuten köcheln.

Den Topf vom Herd nehmen und den Inhalt etwas abkühlen lassen. Dill, Zitronensaft, Olivenöl und die Hälfte der Pinienkerne zugeben. Alles mit dem Stabmixer fein pürieren. Ist die Suppe zu dick, noch etwas Brühe zugeben.

Die Suppe bei schwacher Hitze wieder erwärmen, dann mit Salz, Pfeffer und Muskat abschmecken. Restliche Pinienkerne in einer Pfanne ohne Fett anrösten. Die Suppe mit etwas Crème fraîche und den gerösteten Pinienkernen bestreut servieren.

Kalte Avocadosuppe
mit Kerbel

Für 4 Portionen
6 reife Avocados
2 Bund Kerbel
Saft von 1 Zitrone
6 El Olivenöl
6 El Crushed Ice
Meersalz
schwarzer Pfeffer
50 g gesalzene Erdnüsse
100 g Erbsen aus der Dose (oder TK)
2 Msp. Chiliflocken

Zubereitungszeit: ca. 15 Minuten
Pro Portion ca. 380 kcal/1591 kJ
37 g E, 10 g F, 5 g KH

Die Avocados schälen, putzen, entkernen und das Fruchtfleisch in Stücke schneiden. Kerbelblätter abzupfen, waschen und trocken tupfen; einige Blätter zum Garnieren beiseitelegen.

Avocado mit Kerbel, Zitronensaft, 1 l kaltem Wasser, Olivenöl und Crushed Ice im Mixer pürieren. Mit Salz und Pfeffer kräftig abschmecken.

Die Erdnüsse hacken. Die Erbsen in die Suppe rühren; TK-Erbsen vorher auftauen lassen. Die Suppe mit Chiliflocken, Erdnüssen und dem beiseitegelegten Kerbel bestreut servieren.

Minestrone

Für 4 Portionen

2 Fenchelknollen
2 Möhren
4 Zucchini
500 g Tomaten
2 Zwiebeln
2 El Olivenöl
100 g Schinkenwürfel
1 l Gemüsebrühe
schwarzer Pfeffer
1 Tl edelsüßes Paprikapulver
2 Tl getrocknetes Basilikum
40 g Parmesan
einige Zweige frisches Basilikum
Salz

Zubereitungszeit: ca. 40 Minuten (plus Garzeit)
Pro Portion ca. 230 kcal/963 kJ
16 g E, 11 g F, 15 g KH

Den Fenchel waschen, putzen, längs halbieren und den Strunk kegelförmig herausschneiden. Die Fenchelblätter in 1 cm dicke Streifen schneiden. Die Möhren und die Zucchini waschen, putzen, schälen und würfeln.

Die Tomaten über Kreuz einritzen, kurz mit kochendem Wasser überbrühen, mit kaltem Wasser abschrecken, häuten, vierteln, entkernen und von den Stielansätzen befreien. Dann in Würfel schneiden. Die Zwiebeln schälen und fein hacken.

Das Öl in einem Topf erhitzen, die Schinkenwürfel darin knusprig braten, dann die Zwiebeln zugeben und glasig dünsten. Den Fenchel und die Möhren dazugeben und alles ca. 5 Minuten dünsten. Die Zucchini zugeben, dann die Brühe angießen. Mit Pfeffer, Paprikapulver und Basilikum würzen und ca. 15 Minuten garen. Die Tomatenwürfel zugeben und kurz in der Suppe erhitzen.

Inzwischen den Parmesan grob reiben. Basilikum waschen, trocken tupfen und die Blättchen von den Stielen zupfen. Die Blätter in dünne Streifen schneiden. Die Minestrone mit Salz und Gewürzen abschmecken. Mit den Parmesanhobeln und den Basilikumstreifen garniert servieren.

Zucchinicremesuppe mit Lachsstreifen

Für 4 Portionen

2 Knoblauchzehen
1 Zwiebel
750 g kleine Zucchini
2–3 El Olivenöl
750 ml Hühnerbrühe
Salz
Pfeffer
200 g Räucherlachs
2 El fein geschnittene Basilikumstreifen

Zubereitungszeit: ca. 15 Minuten (plus Garzeit)
Pro Portion ca. 165 kcal/691 kJ
8 g E, 11 g F, 8 g KH

Knoblauch und Zwiebel schälen und fein hacken. Die Zucchini waschen, trocken tupfen, putzen und in Scheiben schneiden. Das Öl in einem Topf erhitzen und Knoblauch und Zwiebeln darin bei mittlerer Hitze unter Rühren ca. 5 Minuten andünsten. Die Zucchinischeiben in den Topf geben und unter Rühren ca. 3 Minuten mitdünsten.

Alles mit der Brühe ablöschen und mit Salz und Pfeffer würzen. Dann aufkochen lassen und zugedeckt ca. 15 Minuten sanft köcheln lassen.

Die Suppe mit dem Mixer fein pürieren. Den Räucherlachs in dünne Streifen schneiden. Die Suppe mit Lachsstreifen und Basilikum bestreut servieren.

Fleisch

Verführerische Rezepte für Eingefleischte

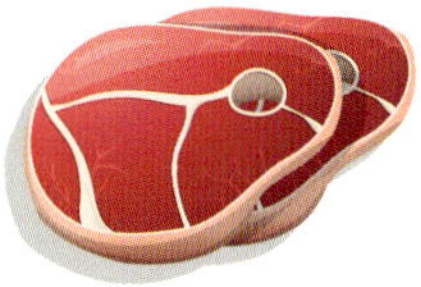

Tipp!

Geben Sie beim Kochen noch einen Spritzer Essig oder Zitronensaft dazu – so wird der Sellerie nicht braun!

Steakpfanne mit Selleriepüree

Für 4 Portionen

2 Knollensellerie (ca. 800 g)
Salz
300 g Kirschtomaten
2 Zwiebeln
1 Bund glatte Petersilie
1 reife Avocado
2–4 El Limettensaft
4 Rinderfiletsteaks (à ca. 200 g)
4 El Olivenöl
Pfeffer
4 El Butter
Vollmilch nach Belieben

Zubereitungszeit: ca. 30 Minuten
Pro Portion ca. 540 kcal/2260 kJ
48 g E, 34 g F, 11 g KH

Knollensellerie waschen, schälen, putzen, dann in kleine, gleich große Stücke schneiden und in ausreichend Salzwasser in ca. 20 Minuten gar kochen.

In der Zwischenzeit die Tomaten waschen, putzen und halbieren. Zwiebeln schälen und grob würfeln. Petersilie waschen, trocken schütteln und grob hacken. Die Avocado halbieren, den Stein herauslösen. Fruchtfleisch aus der Schale lösen, grob in Stücke schneiden und mit Limettensaft beträufeln.

Steaks waschen, trocken tupfen und in Streifen schneiden. Öl in einer Pfanne erhitzen. Das Fleisch salzen, pfeffern und darin von jeder Seite ca. 2 Minuten anbraten, dann herausnehmen. Zwiebeln und Tomaten im heißen Bratfett anbraten. Das Fleisch wieder zufügen und kurz erwärmen. Alles mit Salz und Pfeffer abschmecken und warm stellen.

Sellerie abgießen. Die Butter in einem Topf zerlassen, dann vom Herd nehmen. Sellerie und Avocado hinzugeben und alles mit dem Kartoffelstampfer fein zerstampfen. Petersilie unterrühren. Nach Belieben noch etwas Milch einrühren. Das Püree mit Salz und Pfeffer abschmecken und mit der Steakpfanne servieren.

Rinderfiletsteaks
auf Frühlingsgemüse

Für 4 Portionen
500 g grüner Spargel
2 Kohlrabi
1 Bund glatte Petersilie
1 Bund Estragon
Salz
Pfeffer
4 Rinderfiletsteaks (à 150 g)
4 El Olivenöl
300 ml Sahne

Zubereitungszeit: ca. 30 Minuten
Pro Portion ca. 555 kcal/2327 kJ
38 g E, 41 g F, 8 g KH

Den Spargel waschen, die Enden abschneiden, das untere Drittel schälen und die Stangen halbieren. Kohlrabi waschen, schälen und in ca. 1 cm breite Stifte schneiden.

Petersilie und Estragon waschen, trocken schütteln und die Blättchen fein hacken. ⅓ der Kräuter beiseitestellen, die restlichen Kräuter mit dem Gemüse mischen, salzen, pfeffern und alles in einen an einer Seite verschlossenen Bratschlauch geben. Einen großen Topf zu einem Drittel mit Wasser füllen und dieses zum Kochen bringen.

Die Steaks waschen, trocken tupfen, salzen und pfeffern. Das Öl in einer beschichteten Pfanne erhitzen und das Fleisch darin ca. 3 Minuten rundherum anbraten. Dann auf das Gemüse in den Bratschlauch legen.

Überschüssiges Öl aus der Pfanne abgießen, dann den Bratensatz mit der Sahne loskochen und alles über das Gemüse gießen. Den Bratschlauch verschließen und den Inhalt im kochenden Wasser zugedeckt ca. 12 Minuten dünsten. Mit den restlichen Kräutern bestreut servieren.

Kalbsröllchen
Saltimbocca

Für 4 Portionen
8 dünne Kalbsschnitzel
1 El Kapern (aus dem Glas)
2 Tl Sardellenpaste (FP)
50 g Parmaschinken in Scheiben
8 Salbeiblätter
4 El weiche Knoblauchbutter
Salz
Pfeffer
Öl für den Grill

Zubereitungszeit: ca. 20 Minuten
Pro Portion ca. 244 kcal/1022 kJ
30 g E, 13 g F, 1 g KH

Die Kalbsschnitzel waschen und trocken tupfen. Auf einer Arbeitsfläche dünn klopfen. Die Kapern abtropfen lassen, fein hacken, dann mit der Sardellenpaste verrühren.

Die Kalbsschnitzel auslegen und mit der Kapern-Sardellen-Creme bestreichen. Jeweils mit Parmaschinken und 1 Salbeiblatt belegen. Die Schnitzel zusammenrollen und mit gewässerten Holzspießen feststecken.

Den Grill einölen und die Kalbsröllchen darauflegen. Mit etwas Knoblauchbutter bestreichen und ca. 15 Minuten grillen. Dabei mehrmals wenden und öfter mit Knoblauchbutter bestreichen. Nach dem Grillen mit Salz und Pfeffer würzen. Dazu schmecken Tomatensalat oder Ofentomaten (siehe S. 94).

Hack-Omelett
mit Paprikafüllung

Für 4 Portionen
4 rote Paprikaschoten
8 El Rapsöl
400 g Rinderhackfleisch
Salz
schwarzer Pfeffer
200 g Naturjoghurt (3,8 % Fett)
8 Eier
½ Tl gemahlener Koriander

Zubereitungszeit: ca. 30 Minuten
Pro Portion ca. 611 kcal/2558 kJ
38 g E, 47 g F, 8 g KH

Paprika halbieren, putzen, waschen und in feine Würfel schneiden. 4 El Öl erhitzen und Hackfleisch und Paprikawürfel darin ca. 6 Minuten scharf anbraten. Mit Salz und Pfeffer würzen. Den Joghurt unterrühren, alles aufkochen lassen, dann warm halten.

Die Eier verquirlen und mit Salz und Koriander würzen. Eine Pfanne erhitzen, mit 1 El Öl ausstreichen, ¼ der Eimasse dazugeben und die Masse stocken lassen, ggf. einmal wenden. Auf die gleiche Weise drei weitere Omeletts backen. Fertige Omeletts in der Zwischenzeit im Backofen warmhalten. Die Omeletts mit der Hackfleischmasse füllen und servieren.

Schweinefiletpfanne
Asia-Style

Für 4 Portionen

½ Sternanis
1 Nelke
½ Tl Fenchelsamen
½ Tl weißer Pfeffer
1 Msp. Zimtpulver
600 g Schweinefilet
2 Schalotten
2 Knoblauchzehen
1 rote Paprikaschote
500 g Thai-Spargel
3 El Sonnenblumenöl
2 El helles Sesamöl
100 ml Hühnerbrühe
3 El Reisessig
5 El Sojasauce
Salz
frisch gemahlener Pfeffer

Zubereitungszeit: ca. 35 Minuten
(plus Marinier- und Garzeit)
Pro Portion ca. 319 kcal/1336 kJ
38 g E, 16 g F, 5 g KH

Für die Gewürzmischung Sternanis, Nelke, Fenchel, weißen Pfeffer und Zimt mahlen. Das Schweinefilet waschen, trocken tupfen, parieren, dabei die Silberhaut entfernen. Das Filet in dünne Scheiben schneiden. In einem Gefrierbeutel mit der Gewürzmischung mischen und ca. 30 Minuten bei Zimmertemperatur marinieren.

Währenddessen die Schalotten schälen und in dünne Ringe schneiden. Knoblauchzehen schälen und in feine Stifte schneiden. Paprika putzen, innen und außen waschen, trocken tupfen und in dünne Streifen schneiden. Den Thai-Spargel waschen, trocken tupfen, putzen und in mundgerechte Stücke schneiden.

Sonnenblumen- und Sesamöl zusammen in einer Pfanne erhitzen. Die Schalotten und das Fleisch zugeben und alles ca. 4 Minuten unter Rühren kräftig braten. Knoblauch, Paprikastreifen und Spargel dazugeben. Kurz mitbraten, dann Hühnerbrühe, Reisessig und Sojasauce hinzufügen. Alles mit geschlossenem Deckel bei mittlerer Hitze ca. 10 Minuten schmoren. Mit Salz und Pfeffer abschmecken.

Entenbrust in Honig-Soja-Sauce

Für 4 Portionen
500 g Entenbrust mit Haut
1 Tl Honig
4 El dunkle Sojasauce
2 Möhren
2 Bund Frühlingszwiebeln
100 g Austernpilze
4 El Rapsöl
1 El Sesamsamen

Zubereitungszeit: ca. 40 Minuten
Pro Portion ca. 460 kcal/1926 kJ
26 g E, 34 g F, 14 g KH

Die Entenbrust waschen, trocken tupfen und in Streifen schneiden. Honig und Sojasauce verrühren und das Fleisch 30 Minuten darin marinieren lassen.

In der Zwischenzeit die Möhren waschen, putzen und in breite Streifen schneiden. Die Frühlingszwiebeln putzen, in 3 cm große Stücke schneiden, waschen und trocknen. Die Austernpilze putzen und in Streifen schneiden.

Die Hälfte des Öls im Wok erhitzen. Zuerst die Möhrenstreifen zugeben und anbraten, dann die Frühlingszwiebeln und die Pilze zufügen und alles gar braten. Herausnehmen und warm stellen.

Im restlichen Öl die Sesamsamen leicht anrösten, die Entenbruststreifen dazugeben und scharf anbraten. Wenn die Haut knusprig wird, das Gemüse wieder zugeben, mit 100 ml Wasser ablöschen und alles gut vermischen. Ca. 5 Minuten köcheln lassen, dann servieren.

Tipp!

Servieren Sie das Roastbeef zusätzlich noch mit einem Klecks Meerrettichsauce!

Roastbeef mit Salsa verde

Für 4 Portionen

Für das Fleisch:
1,2 kg Roastbeef
Salz
2 El Senf
2 Tl Pfefferkörner
1 Tl Pimentbeeren
2 El Butterschmalz

Für die Salsa verde:
½ Bund glatte Petersilie
½ Bund Basilikum
1 Knoblauchzehe
2 Schalotten
2 Gewürzgurken
2 El kleine Kapern
1 Tl scharfer Senf
1 El Weißweinessig
200 ml Olivenöl
Salz
frisch gemahlener Pfeffer

Zubereitungszeit: ca. 60 Minuten (plus Garzeit)
Pro Portion ca. 856 kcal/3584 kJ
67 g E, 64 g F, 4 g KH

Den Backofen auf 80 °C vorheizen. Das Roastbeef waschen, trocken tupfen, die Fettschicht rautenförmig einschneiden, salzen und mit Senf bestreichen. Dann die Gewürze im Mörser grob zerstoßen und auf dem Fleisch verteilen.

Das Butterschmalz in einer Pfanne erhitzen und das Roastbeef von allen Seiten scharf anbraten. Herausnehmen und auf einem Ofenrost auf der mittleren Schiene ca. 2 ½ Stunden sanft garen (die Kerntemperatur sollte 53 °C betragen). Den Braten herausnehmen, in Alufolie wickeln und ca. 10 Minuten ruhen lassen.

Während das Fleisch gart, die Sauce zubereiten. Dazu die Kräuter waschen, trocken schütteln und die Blättchen hacken. Knoblauch und Schalotten schälen und fein hacken. Die Gewürzgurken klein würfeln. Alles mit den Kapern in einer Schüssel mischen. Senf und Essig mit dem Öl verquirlen. Über die Kräutermischung geben und unterrühren. Zum Schluss mit Salz und Pfeffer abschmecken. Das Fleisch in dünne Scheiben schneiden und mit der Sauce servieren. Hierzu passt das Low-Carb-Brot von S. 111.

Fisch

Köstliches aus Meer & Fluss

Orangenlachs auf Blattspinat

Für 4 Portionen

Für den Spinat:
1 Zwiebel
1 Tl Öl
300 g TK-Blattspinat
Salz, schwarzer Pfeffer

Für den Lachs:
600 g Lachsfilet ohne Haut
Salz, schwarzer Pfeffer
1 El Olivenöl
8 Scheiben von 1 unbehandelten Orange

Für die Sauce:
1 Zwiebel
1 Tl Öl
100 ml Orangensaft
300 ml Gemüsebrühe
200 ml Fischfond
200 ml Sahne
1 Tl Speisestärke
Salz, schwarzer Pfeffer

Zubereitungszeit: ca. 20 Minuten (plus Garzeit)
Pro Portion ca. 450 kcal/1884 kJ
20 g E, 10 g F, 6 g KH

Den Backofen auf 120 °C vorheizen. Für den Spinat die Zwiebel schälen, würfeln und im Öl glasig dünsten. Den Spinat und 50 ml Wasser dazugeben. Zugedeckt bei milder Hitze auftauen lassen. Mit Salz und Pfeffer abschmecken.

Für den Lachs die Filets waschen, trocken tupfen, salzen und pfeffern. Das Öl in einer Pfanne erhitzen und den Lachs darin von jeder Seite 1 Minute braten. Eine flache Form mit 4 Orangenscheiben auslegen. Die Lachsstücke darauflegen und mit je 1 Orangenscheibe bedecken. Den Lachs im Ofen ca. 10 Minuten durchgaren lassen.

In der Zwischenzeit für die Sauce die Zwiebel schälen, würfeln und im heißen Öl glasig dünsten. Den Orangensaft dazugeben und auf die Hälfte einkochen lassen. Die Gemüsebrühe und den Fischfond zugeben, nochmals auf die Hälfte einkochen lassen. Die Sahne dazugeben, aufkochen. Die Stärke mit etwas kaltem Wasser anrühren, die Sauce damit binden und mit Salz und Pfeffer würzen. Den Lachs mit Sauce und Spinat servieren.

Thunfischsteaks mit Olivenkruste

Für 4 Portionen
6 El Öl
4 Scheiben frischer Thunfisch (à ca. 200 g)
400 g Tomaten
1 Bund Basilikum
80 g schwarze Oliven ohne Stein
30 g Kapern
2 El Zitronensaft
2 El gemahlene Goldleinsamen
Salz
Pfeffer

Zubereitungszeit: ca. 15 Minuten (plus Backzeit)
Pro Portion ca. 633 kcal/2650 kJ
46 g E, 45 g F, 10 g KH

Den Backofen auf 160 °C vorheizen. Eine feuerfeste Form mit 3 El Öl einfetten. Den Thunfisch hineinlegen. Die Tomaten mit kochendem Wasser überbrühen, häuten, entkernen und das Fruchtfleisch hacken. Basilikum waschen, trocken schütteln und hacken. Die Oliven und die Kapern ebenfalls hacken.

Tomaten, Basilikum, Oliven, Kapern, Zitronensaft, Goldleinsamen, Salz und Pfeffer mischen und über die Thunfischscheiben geben. Das restliche Öl darüberträufeln. Den Fisch im vorgeheizten Backofen auf der mittleren Schiene ca. 30 Minuten backen. Dazu schmeckt ein Bauernsalat.

Lachsforellen mit Meerrettichsahne

Für 4 Portionen
4 Lachsforellenfilets (à 180 g)
Salz
Pfeffer
2 unbehandelte Zitronen
400 ml Sahne
2 Eigelb
2–3 El frisch geriebener Meerrettich
1 Bund Dill
Butter für die Form

Zubereitungszeit: ca. 30 Minuten (plus Garzeit)
Pro Portion ca. 584 kcal/2445 kJ
41 g E, 46 g F, 3 g KH

Fischfilets waschen, trocken tupfen, salzen und pfeffern. Eine Auflaufform mit Butter einfetten und die Filets nebeneinander hineinlegen. Den Backofen auf 200 °C vorheizen.

Zitronen waschen und trocken tupfen. Eine Zitrone in Scheiben schneiden und bereitlegen. Von der zweiten Zitrone die Schale abreiben und mit Sahne, Eigelb und Meerrettich verquirlen. Dill waschen, trocken schütteln, 4 Stiele zum Garnieren beiseitelegen, den restlichen Dill fein hacken und untermischen.

Den Sahneguss über dem Lachs verteilen und den Fisch im Backofen auf der oberen Schiene ca. 15 Minuten überbacken. Mit Zitronenscheiben und dem restlichen Dill garnieren und servieren. Dazu passt ein frischer Blattsalat.

Zanderfilet mit Kräuterkruste

Für 4 Portionen
4 mittelgroße Champignons
4 Schalotten
½ Bund glatte Petersilie
½ Bund Basilikum
½ Bund Schnittlauch
100 g weiche Butter
40 g Semmelbrösel
1 hart gekochtes Eigelb
4 Zanderfilets mit Haut (à ca. 150 g)
Salz
frisch gemahlener Pfeffer
100 ml Gemüsebrühe
1 El Zitronensaft
Fett für die Form

Zubereitungszeit: ca. 30 Minuten (plus Backzeit)
Pro Portion ca. 380 kcal/1590 kJ
33 g E, 24 g F, 9 g KH

Den Backofen auf 225 °C vorheizen. Die Champignons putzen, eventuell feucht abreiben und fein hacken. Schalotten schälen und fein würfeln. Petersilie und Basilikum waschen, trocken tupfen und die Blättchen von den Stielen zupfen. Einige Petersilienblättchen zum Garnieren beiseitelegen, die restliche Petersilie und das Basilikum hacken. Schnittlauch waschen, trocken schütteln und in feine Röllchen schneiden. Alle vorbereiteten Zutaten mit Butter, Semmelbröseln und dem Eigelb verkneten.

Fisch waschen, trocken tupfen und mit Salz und Pfeffer würzen. Mit der Hautseite nach unten in eine gefettete Form legen. Fischfilets mit der vorbereiteten Pilz-Kräuter-Mischung gleichmäßig bestreichen. Gemüsebrühe und Zitronensaft zugießen und den Fisch im vorgeheizten Backofen ca. 12 Minuten garen. Mit Petersilienblättchen garniert servieren.

Tipp!
Das Gericht schmeckt auch mit Doradenfilets ganz wunderbar!

Seeteufelfilets aus dem Ofen

Für 4 Portionen

400 g Tomaten
200 g Zucchini
30 g schwarze Oliven
½ rote Chilischote
1 Bund Petersilie
½ Bund Majoran
½ Bund Thymian
1 unbehandelte Zitrone
2 Knoblauchzehen
4 küchenfertige Seeteufelfilets (à ca. 200 g)
Salz
Pfeffer
6 El Olivenöl
Fett für die Form

Zubereitungszeit: ca. 25 Minuten (plus Garzeit)
Pro Portion ca. 310 kcal/1298 kJ
32 g E, 18 g F, 5 g KH

Tomaten waschen, vierteln, Stielansätze entfernen, entkernen und grob hacken. Zucchini waschen, putzen, längs halbieren und in Scheiben schneiden. Die schwarzen Oliven entkernen. Chili waschen, trocken tupfen und sehr fein hacken. Petersilie, Majoran und Thymian waschen und trocken schütteln, Blättchen abzupfen und beiseitelegen. Zitrone mit heißem Wasser abwaschen, trocken reiben und mit der Schale in dünne Scheiben schneiden. Knoblauch schälen und ebenfalls in Scheiben schneiden.

Den Backofen auf 200 °C vorheizen. Seeteufelfilets waschen, trocken tupfen und mit Salz und Pfeffer würzen. In eine gefettete, ofenfeste Form legen. Mit Zitronenscheiben belegen und mit den Kräutern bestreuen. Tomaten, Zucchini, Oliven, Chili und Knoblauch darum verteilen. Mit Salz und Pfeffer würzen. Alles mit Olivenöl beträufeln. Im vorgeheizten Ofen auf der 2. Schiene von unten (Umluft ist nicht geeignet) 25–30 Minuten garen.

Wildlachs mit Tomaten-Fenchel

Für 4 Portionen

4 Schalotten
2 Knoblauchzehen
2 Fenchelknollen
250 g Cocktailtomaten
2 El Olivenöl
6 Zweige Thymian
2 Lorbeerblätter
Salz
schwarzer Pfeffer
1 Wildlachsseite mit Haut (à ca. 800 g)
1 Zitrone
Fett für die Form

Zubereitungszeit: ca. 20 Minuten (plus Garzeit)
Pro Portion ca. 360 kcal/1507 kJ
40 g E, 18 g F, 9 g KH

Die Schalotten und den Knoblauch schälen, die Schalotten in Achtel schneiden und den Knoblauch fein hacken. Den Fenchel waschen, putzen, halbieren, den Strunk kegelförmig herausschneiden und die Fenchelblätter in 1 cm dicke Streifen schneiden. Die Cocktailtomaten waschen, längs halbieren und die Stielansätze herausschneiden.

Den Backofen auf 200 °C vorheizen. Das Olivenöl in einer beschichteten Pfanne erhitzen, Schalotten und Fenchel darin ca. 2 Minuten dünsten. Inzwischen den Thymian waschen und trocken tupfen, die Blättchen von den Stängeln zupfen. Knoblauch, Thymian und Lorbeerblätter in die Pfanne geben und weitere 2 Minuten braten. Das Gemüse mit Salz und Pfeffer würzen.

Den Lachs waschen, trocken tupfen und dreimal quer ein-, aber nicht durchschneiden (so lässt sich der Lachs später einfacher portionieren). Den Lachs mit der Hautseite nach unten auf ein gefettetes Blech oder in eine große gefettete Gratinform legen. Die Zitrone halbieren und auspressen. Den Lachs mit dem Zitronensaft beträufeln und mit Salz und Pfeffer kräftig würzen. Das Gemüse aus der Pfanne und die Cocktailtomaten auf dem Lachs verteilen. Alles im Ofen auf der mittleren Schiene ca. 20 Minuten garen. Den Lachs mit dem Gemüse servieren.

Forellen in Alufolie

Für 4 Portionen
4 Forellen (à ca. 300 g)
Salz
schwarzer Pfeffer
125 g Cocktailtomaten
6 Zweige Basilikum
2 El Parmesan
2 El Zitronensaft
1 El Olivenöl

Zubereitungszeit: ca. 25 Minuten (plus Gar- und Ruhezeit)
Pro Portion ca. 390 kcal/1633 kJ
64 g E, 14 g F, 2 g KH

Den Backofen auf 200 °C vorheizen. 4 Bögen Alufolie zuschneiden und mit der glänzenden Seite nach oben auf die Arbeitsfläche legen. Die Forellen unter kaltem Wasser abbrausen und trocken tupfen. Mit Salz und Pfeffer innen und außen würzen.

Die Cocktailtomaten waschen, vierteln und die Stielansätze entfernen. Das Basilikum waschen und trocken tupfen, die Blättchen von den Stielen zupfen und in feine Streifen schneiden. Tomaten mit Basilikum und Parmesan mischen.

Die Bauchhöhlen der Forellen mit Zitronensaft beträufeln und mit der Tomatenmasse füllen. Je 1 Forelle auf einen Bogen Alufolie legen. Die restliche Tomatenmasse ebenfalls zum Fisch auf die Alufolie geben. Die Forellen mit dem Olivenöl beträufeln. Dann die Folie zu einem Päckchen falten, bei dem die Naht oben bleibt und die Seiten sehr gut verschlossen sind.

Die Fischpäckchen im Ofen auf dem Rost auf der mittleren Schiene etwa 30 Minuten backen, dann noch 5 Minuten im ausgeschalteten Ofen ruhen lassen. Nach Belieben in der Folie servieren oder auf einem Teller anrichten.

Vegetarisches

Genuss ohne Fleisch

Pilzomeletts mit Sesam

Für 4 Portionen
300 g gemischte Pilze (z. B. Champignons, Pfifferlinge, Kräuterseitlinge)
4 Frühlingszwiebeln
12 g Ingwer
3 El Sesamsamen
6 Eier
1–2 El Sojasauce
4 El Sesamöl
1 Bund Schnittlauch
schwarzer Pfeffer

Zubereitungszeit: ca. 20 Minuten
Pro Portion ca. 284 kcal/1189 kJ
16 g E, 23 g F, 4 g KH

Alle Pilzsorten putzen und in feine Scheiben schneiden. Frühlingszwiebeln putzen, waschen und in dünne Ringe schneiden. Ingwer schälen und fein reiben. Sesam in einer Pfanne ohne Fett goldgelb rösten. Auf einem flachen Teller abkühlen lassen.

Eier in einer Schüssel mit 2 El Wasser und mit der Sojasauce verquirlen. 1 El Sesamöl in einer beschichteten Pfanne erhitzen. ¼ der Pilze darin bei starker Hitze anbraten. Je ¼ der Frühlingszwiebeln und des Ingwers hinzufügen und kurz mitbraten. ¼ des verquirlten Eis in die Pfanne geben und bei mittlerer Hitze stocken lassen. Auf die gleiche Weise drei weitere Omeletts braten.

Den Schnittlauch waschen, trocken tupfen und in Röllchen schneiden. Die Omeletts mit Pfeffer würzen und mit Schnittlauch und Sesam bestreut servieren.

Asia-Gemüsepfanne mit Tofu

Für 4 Portionen

400 g Tofu
3 Knoblauchzehen
4 El geröstetes Sesamöl
1 Tl rote Currypaste
1 El Limettensaft
2 El Sojasauce
2 Brokkoli
2 Zucchini
2 grüne Paprikaschoten
1 Bund Frühlingszwiebeln
1 Bund Koriander oder glatte Petersilie
80 g geröstete Erdnüsse
4 El Rapsöl
400 ml ungesüßte Kokosmilch
2 El Erdnussmus
Salz

Zubereitungszeit: ca. 45 Minuten (plus Marinierzeit)
Pro Portion ca. 600 kcal/2512 kJ
36 g E, 41 g F, 22 g KH

Tofu abtropfen lassen und fein würfeln. Knoblauch schälen und fein hacken. Tofu mit Knoblauch, Sesamöl, Currypaste, Limettensaft und Sojasauce in eine Schale geben, gut vermengen, abdecken und mindestens 30 Minuten, am besten über Nacht, im Kühlschrank marinieren lassen. Den Tofu dann abtropfen lassen, die Marinade dabei auffangen.

Brokkoli, Zucchini, Paprika und Frühlingszwiebeln waschen und putzen. Brokkoliröschen abtrennen. Zucchini halbieren und in Scheiben schneiden. Paprika grob würfeln. Frühlingszwiebeln in Ringe schneiden. Koriander bzw. Petersilie waschen, trocken schütteln und fein hacken. Erdnüsse grob hacken.

1 El Rapsöl in einem Wok oder einer tiefen Pfanne erhitzen und den Tofu darin 5 Minuten kräftig anbraten. An den Rand schieben, 1 El Öl in die Mitte geben und die Brokkoliröschen darin 5 Minuten kräftig anbraten. An den Rand schieben, 1 El Öl in die Mitte geben und den Paprika darin 5 Minuten anbraten. An den Rand schieben, 1 El Öl in die Mitte geben und die Zucchini darin 2–3 Minuten anbraten.

Kokosmilch, Erdnussmus und etwas Marinade dazu geben und alles bei geschlossenem Deckel unter gelegentlichem Rühren 3–5 Minuten köcheln lassen. Mit Salz abschmecken und mit Koriander bzw. Petersilie, Frühlingszwiebeln und Erdnüssen bestreut servieren.

Auberginen-Omelett
mit Tofu

Für 4 Portionen
200 g Auberginen
Salz
200 g Räuchertofu
4 Stängel Koriander
100 g geriebener Emmentaler
6 Eier
200 g Sahne
Pfeffer
4 El Rapsöl

Zubereitungszeit: ca. 30 Minuten
Pro Portion ca. 540 kcal/2260 kJ
29 g E, 45 g F, 6 g KH

Auberginen waschen, trocken reiben und putzen. Das Fruchtfleisch in dünne Scheiben schneiden, von beiden Seiten mit Salz bestreuen und 10 Minuten auf Küchenpapier ziehen lassen. Tofu abtropfen lassen und sehr klein würfeln. Koriander waschen, trocken schütteln, Blättchen abzupfen und fein hacken. Auberginen trocken tupfen und sehr klein würfeln.

Emmentaler, Eier, Koriander und Sahne in einem hohen Rührbecher mit dem Handrührgerät verquirlen und pfeffern. 2 El Öl in einer beschichteten Pfanne erhitzen und die Hälfte des Tofus darin ca. 5 Minuten von allen Seiten kross anbraten. Die Hälfte der Auberginen zugeben und ca. 1 Minute mitbraten. Die Hälfte der Käse-Ei-Masse darauf gießen. Das Omelett bei mittlerer Hitze mit einem Deckel bedeckt ca. 10 Minuten stocken lassen, nach der Hälfte der Zeit einmal wenden. Mit Salz und Pfeffer würzen. Auf die gleiche Weise aus den restlichen Zutaten ein weiteres Omelett backen.

Tofu-Brokkoli-Pfanne

Für 4 Portionen
300 g Brokkoli
Salz
300 g Tofu
3 Stängel Zitronengras
80 g Cashewkerne
100 ml Erdnussöl
2 El rote Currypaste
250 ml Gemüsebrühe
5 El Limettensaft
4 El helle Sojasauce

Zubereitungszeit: ca. 35 Minuten
Pro Portion ca. 454 kcal/1901 kJ
20 g E, 32 g F, 10 g KH

Brokkoli waschen, putzen, in Röschen teilen und in kochendem Salzwasser ca. 8 Minuten bissfest kochen. Herausnehmen, kalt abschrecken und in einem Sieb abtropfen lassen. Tofu trocken tupfen und in ca. 1 cm große Würfel schneiden.

Zitronengras waschen und den weißen Teil fein hacken. Cashewkerne in einer Pfanne oder im Wok ohne Fett unter ständigem Rühren goldgelb rösten, herausnehmen, abkühlen lassen und grob hacken.

Erdnussöl im Wok oder in einem Topf so stark erhitzen, dass sich an einem hineingehaltenen Holzlöffel kleine Bläschen bilden. Dann die Tofuwürfel hineingeben, goldgelb frittieren, mit einem Schaumlöffel herausheben und auf Küchenkrepp abtropfen lassen.

Erdnussöl bis auf ca. 3 El abgießen, darin Zitronengras und die Currypaste anbraten. Mit Gemüsebrühe ablöschen, Brokkoli und Tofu hineingeben und erhitzen. Alles mit Limettensaft und Sojasauce abschmecken. Gehackte Cashewkerne darüberstreuen und servieren.

Ratatouille

Für 4 Portionen

300 g Auberginen
Salz
500 g Tomaten
250 g Zucchini
1 rote Paprikaschote
1 grüne Paprikaschote
1 gelbe Paprikaschote
2 Zwiebeln
4 Knoblauchzehen
½ Bund Basilikum
4 El Olivenöl
schwarzer Pfeffer
1 Zweig Rosmarin
½ Bund Thymian
½ Bund Oregano

Zubereitungszeit: ca. 25 Minuten (plus Garzeit)
Pro Portion ca. 170 kcal/712 kJ
5 g E, 11 g F, 12 g KH

Die Auberginen waschen, trocken reiben und die Stielansätze entfernen. Längs halbieren und in ½ cm dicke Scheiben schneiden. Mit Salz bestreut ca. 10 Minuten stehen lassen, um die Bitterstoffe herauszuziehen. Danach abspülen, trocken tupfen und in Würfel schneiden.

Die Tomaten über Kreuz einritzen, kurz mit kochendem Wasser überbrühen, abschrecken, häuten, vierteln, entkernen und von den Stielansätzen befreien. Dann in Würfel schneiden. Die Zucchini waschen, putzen, längs halbieren und in kleine Würfel schneiden. Paprikaschoten waschen, halbieren, putzen und das Fruchtfleisch würfeln. Die Zwiebeln und den Knoblauch abziehen und sehr fein hacken. Das Basilikum waschen und trocken tupfen. Die Blättchen fein hacken.

Das Olivenöl in einer Schmorpfanne erhitzen. Die Auberginenwürfel im Öl kräftig anbraten, dann herausnehmen und beiseitestellen. Mit den anderen Gemüsesorten ebenso verfahren. Erst zum Schluss Zwiebeln und Knoblauch anschwitzen, dann das Gemüse wieder hinzufügen. Mit Salz und Pfeffer würzen und das Basilikum untermischen. Die Kräuterzweige obenauf legen und die Ratatouille zugedeckt auf kleiner Flamme ca. 25 Minuten schmoren lassen. Falls nötig noch etwas Wasser hinzufügen. Nach Belieben mit Low-Carb-Brot servieren (siehe S. 111).

Gemüsepäckchen mit Mozzarella

Für 4 Portionen
250 g Mozzarella
400 g Zucchini
300 g Cocktailtomaten
2 Rosmarinzweige
2 El Kräuter der Provence
6 El Olivenöl
Salz
Pfeffer

Zubereitungszeit: ca. 15 Minuten (plus Garzeit)
Pro Portion ca. 257 kcal/1076 kJ
19 g E, 17 g F, 5 g KH

Den Mozzarella abtropfen lassen und in 8 Scheiben schneiden. Die Zucchini putzen, waschen und in 1 cm dicke Scheiben schneiden. Die Cocktailtomaten waschen, trocken tupfen und halbieren. Rosmarin waschen, trocken schütteln, die Nadeln abzupfen und hacken. Die Kräuter der Provence mit dem Olivenöl mischen.

Aus Alufolie 8 Streifen (ca. 20 cm breit) schneiden und zu Nestern formen. Das Gemüse und den Rosmarin hineingeben und mit je 1 Scheibe Mozzarella belegen. Das Kräuteröl darüberträufeln. Die Päckchen oben verschließen und auf dem vorgeheizten Grill ca. 10 Minuten garen.

Kürbis-Spinat-Omelett

Für 4 Portionen
300 g Hokkaido-Kürbis (geputzt gewogen)
2 El Rapsöl
Salz
Pfeffer
2–3 Eier
1 Prise frisch geriebene Muskatnuss
1 Handvoll junge Spinatblätter

Zubereitungszeit: ca. 20 Minuten (plus Garzeit)
Pro Portion ca. 106 kcal/444 kJ
5 g E, 7 g F, 4 g KH

Den Kürbis waschen, entkernen und das Fruchtfleisch in kleine Würfel schneiden. Öl in einer Pfanne erhitzen und die Kürbiswürfel kurz darin anbraten. Mit Salz und Pfeffer würzen. 100 ml Wasser zugeben und den Kürbis bei schwacher Hitze in ca. 10 Minuten weich dünsten, bis das Wasser vollständig verdampft ist.

Die Eier verquirlen, mit Salz, Pfeffer und Muskat würzen. Den Spinat waschen, putzen und etwas zerkleinern, dann zum Kürbis in die Pfanne geben und 1 Minute mitdünsten. Dann die Eimasse darübergießen und die Masse bei schwacher Hitze ca. 10 Minuten stocken lassen.

Tipp!

Panir (auch: Paneer) ist ein indischer, schnittfester Frischkäse.

Erbsencurry mit Panir

Für 4 Portionen
2 Tomaten
1 Zwiebel
2 cm Ingwerwurzel
3 Knoblauchzehen
2 grüne Chilischoten
3 Tl Weißweinessig
6 El Rapsöl
275 g Panir
1 Tl Kurkumapulver
½ Tl Chilipulver
1 Tl Korianderpulver
¾ Tl Salz
100 g Champignons
150 g frisch gepulte Erbsen
frisch gehackter Koriander zum Bestreuen

Zubereitungszeit: ca. 30 Minuten (plus Garzeit)
Pro Portion ca. 238 kcal/996 kJ
13 g E, 17 g F, 7 g KH

Die Tomaten waschen, von den Stielansätzen befreien und würfeln. Zwiebel, Ingwer und Knoblauch schälen und hacken. Die Chilischoten putzen und hacken. Die Zutaten mit dem Essig mischen und im Mixer zu einer Paste verarbeiten.

Das Öl in einer Pfanne erhitzen. Den Panir in mundgerechte Stücke schneiden und im heißen Öl knusprig ausbacken. Herausnehmen und auf Küchenpapier abtropfen lassen.

Die Tomaten-Zwiebelpaste im Bratfett 3 Minuten unter Rühren schmoren. Kurkuma, Chili, Koriander und Salz zugeben und alles weitere 3 Minuten schmoren. Die Pilze putzen, feucht abreiben und unterheben. 3 Minuten schmoren. Die Erbsen zugeben, 225 ml Wasser angießen und alles mit geschlossenem Deckel ca. 10 Minuten köcheln lassen. Den Panir zugeben und weitere 10 Minuten köcheln. Mit Koriander bestreut servieren.

Beilagen & Snacks

Kleine Köstlichkeiten

Mariniertes Gemüse

Für 4 Portionen
500 g kleine Auberginen
500 g Champignons
6 Knoblauchzehen
1 unbehandelte Zitrone
½ Bund Thymian
10 El Olivenöl
75 ml Gemüsebrühe
Salz
frisch gemahlener Pfeffer
2 El frisch gehackte Petersilie

Zubereitungszeit: ca. 20 Minuten (plus Garzeit und Zeit zum Ziehen)
Pro Portion ca. 80 kcal/335 kJ
7 g E, 3 g F, 5 g KH

Den Backofen auf 200 °C vorheizen. Die Auberginen putzen, waschen, trocken reiben und in Scheiben schneiden. Die Pilze putzen und feucht abreiben. 2 Knoblauchzehen schälen und fein hacken. Die Zitrone heiß abwaschen, trocken reiben und die Schale abreiben. Dann die Zitrone auspressen. Thymian waschen und trocken schütteln.

3 El Olivenöl in einer Pfanne erhitzen und die Pilze mit dem Knoblauch darin gut anschmoren. Brühe, Zitronensaft und -schale zu den Pilzen geben und mitschmoren. Thymian im Ganzen in die Pfanne legen. Mit Salz und Pfeffer würzen. Vom Herd nehmen und alles mindestens 2 Stunden durchziehen lassen.

Eine Auflaufform mit 2 El Olivenöl ausstreichen. Die Auberginen hineinlegen. Den restlichen Knoblauch schälen und hacken. Über die Auberginen streuen und alles mit dem restlichen Olivenöl beträufeln. Mit Salz und Pfeffer würzen. Die Auberginen im Ofen ca. 35 Minuten backen. Danach mit Petersilie mischen und mindestens 1 Stunde durchziehen lassen.
Die Auberginen und die Pilze nach Belieben mit Low-Carb-Brot servieren (siehe S. 111).

Ofentomaten

Für 4 Portionen
120 g Kirschtomaten
3 Stängel Rosmarin
4 Knoblauchzehen
5 El Olivenöl
Salz

Zubereitungszeit: ca. 15 Minuten (plus Backzeit)
Pro Portion ca. 120 kcal/502 kJ
0 g E, 13 g F, 1 g KH

Den Backofen auf 120 °C vorheizen. Ein Backblech mit Backpapier auslegen. Die Tomaten waschen und die Stielansätze entfernen. Rosmarin waschen, trocken schütteln, Blättchen abzupfen und klein hacken. Knoblauch schälen und fein hacken. Alles mit dem Olivenöl in eine Schüssel geben und gut miteinander vermischen.

Die Tomaten auf dem Backblech verteilen und auf der unteren Schiene 2,5–3 Stunden mehr trocknen als backen; dabei einen Kochlöffel so in die Ofentür stecken, dass diese leicht geöffnet bleibt (so kann die Feuchtigkeit entweichen). Mit etwas Salz bestreut servieren.

Tipp!

Die Ofentomaten schmecken auch sehr gut im Salat!

Gebratene Pilze mit Speck

Für 4 Portionen
600 g gemischte Waldpilze
1 Zwiebel
100 g Speck
500 ml Gemüsebrühe
4 El Sahne
1 Spritzer Zitronensaft
ca. 3 g Johannisbrotkernmehl zum Andicken nach Belieben
Salz
Pfeffer
½ Bund gehackte frische Petersilie

Zubereitungszeit: ca. 25 Minuten (plus Garzeit)
Pro Portion ca. 110 kcal/460 kJ
12 g E, 6 g F, 2 g KH

Die Pilze putzen, feucht abreiben und größere Exemplare klein schneiden. Die Zwiebel schälen und fein hacken. Den Speck würfeln und in einer Pfanne ohne Zugabe von Fett auslassen, dann herausnehmen und die Zwiebeln im Speckfett glasig dünsten. Den Speck wieder hinzufügen. Die Pilze in die Pfanne geben und 5 Minuten zugedeckt unter gelegentlichem Rühren dünsten. Die Brühe und die Sahne angießen und 1 Spritzer Zitronensaft dazugeben. Alles 10 Minuten köcheln lassen.

Nach Belieben zum Andicken Johannisbrotkernmehl nach Packungsanweisung in kaltem Wasser anrühren und in die nicht kochende Pilzsauce rühren. Aufkochen lassen. Die Pilzpfanne mit Salz und Pfeffer abschmecken und mit Petersilie bestreut servieren.

Gemüsewürfel

Für 4 Portionen
500 g Tomaten
500 g Zucchini
2 Knoblauchzehen
2 Schalotten
1 Bund Basilikum
3 El Olivenöl
1 El Pinienkerne
Salz
Pfeffer

Zubereitungszeit: ca. 25 Minuten
(plus Garzeit)
Pro Portion ca. 135 kcal/565 kJ
4 g E, 8 g F, 7 g KH

Die Tomaten über Kreuz einritzen, kurz mit kochendem Wasser überbrühen, mit kaltem Wasser abschrecken, häuten, vierteln, entkernen und von den Stielansätzen befreien. Dann in Würfel schneiden. Die Zucchini waschen, putzen und würfeln. Knoblauch und Schalotten schälen und hacken. Das Basilikum waschen, trocken schütteln und hacken.

Öl in einer beschichteten Pfanne erhitzen. Schalotten und Knoblauch darin glasig schmoren. Pinienkerne, Tomaten und Zucchini zugeben und unter Rühren anschmoren. Basilikum zugeben, alles mit Salz und Pfeffer abschmecken und ca. 15 Minuten köcheln lassen.

Steinpilze mit frischen Kräutern

Für 4 Portionen
3 Knoblauchzehen
750 g frische Steinpilze
2 Eiertomaten
3 El Olivenöl
125 ml Brühe
Salz
Pfeffer
Zitronensaft nach Belieben
1 Zweig frische Minze
1 Stängel frische glatte Petersilie

Zubereitungszeit: ca. 25 Minuten
Pro Portion ca. 130 kcal/544 kJ
11 g E, 8 g F, 2 g KH

Knoblauch schälen und zerdrücken. Steinpilze putzen und in Scheiben schneiden. Tomaten waschen, trocken reiben, die Stielansätze entfernen und das Fruchtfleisch würfeln.

Das Olivenöl in einem breiten Topf nicht zu stark erhitzen. Pilze und Knoblauch in den Topf geben und unter gelegentlichem Rühren 2 Minuten braten. Tomaten zu den Pilzen geben und 2 Minuten mitschmoren lassen. Mit der Brühe ablöschen, mit Salz, Pfeffer und Zitronensaft abschmecken und alles weitere 5 Minuten schmoren lassen.

Minze und Petersilie waschen, trocken schütteln und fein hacken. Pilze mit den Kräutern bestreuen, durchmischen und servieren.

Tipp!

Wenn das Innere der Zucchini sehr weich und kernig sein sollte, schneiden Sie es vor dem Zerschneiden heraus!

Zucchininudeln

Für 4 Portionen
3–4 Zucchini
ggf. Rapsöl zum Braten oder Olivenöl zum Marinieren
Salz
Pfeffer

Zubereitungszeit: ca. 15 Minuten
Pro Portion ca. 80 kcal/335 kJ
4 g E, 5 g F, 4 g KH

Zucchini waschen, putzen und mit einem Julienne- oder Spiralschneider (für Spaghetti) oder mit einem Sparschäler (für Bandnudeln) in lange Streifen oder Spiralen schneiden.

Salzwasser in einem großen Topf zum Kochen bringen und die Zucchini darin ca. 60 Sekunden blanchieren; alternativ Öl in einer Pfanne erhitzen und die Zucchini darin 2–3 Minuten braten. Wer es gerne sehr bissfest mag, kann die Nudeln auch roh genießen. Dazu in etwas Olivenöl marinieren. Mit Salz und Pfeffer bestreut servieren.

Ofenzucchini

Für 4 Portionen
4 Zweige Thymian
800 g Zucchini
4 El Olivenöl
Salz
schwarzer Pfeffer
4 El Pinienkerne
20 g Parmesan

Zubereitungszeit: ca. 20 Minuten (plus Backzeit)
Pro Portion ca. 180 kcal/754 kJ
6 g E, 15 g F, 4 g KH

Den Backofen auf 200 °C vorheizen. Den Thymian waschen, trocken schütteln und die Blättchen von den Stielen zupfen. Die Zucchini waschen, putzen und in ca. ½ cm dicke längliche Scheiben schneiden. Die Zucchinischeiben mit Olivenöl bepinseln und auf ein Backblech legen. Mit Salz und Pfeffer würzen und mit dem Thymian bestreuen. Auf der oberen Schiene im Backofen ca. 15 Minuten backen.

Inzwischen die Pinienkerne in einer beschichteten Pfanne ohne Zugabe von Fett rösten, dann auf einem Teller abkühlen lassen. Parmesan fein hobeln.

Die Ofenzucchini mit dem restlichen Öl beträufelt in einer abgedeckten Schale auskühlen lassen. Mit den Pinienkernen und dem Parmesan bestreut servieren.

Gefüllte Tomaten

Für 4 Portionen
4 mittelgroße Tomaten
2 Knoblauchzehen
1 Bund glatte Petersilie
50 g gemahlene Goldleinsamen
8 El Olivenöl
Salz
frisch gemahlener Pfeffer
5 El geriebener Parmesan

Zubereitungszeit: ca. 25 Minuten (plus Backzeit)
Pro Portion ca. 310 kcal/1298 kJ
8 g E, 29 g F, 5 g KH

Den Backofen auf 200 °C vorheizen. Die Tomaten waschen, trocken reiben, die Deckel abschneiden und die Tomaten mit einem Löffel aushöhlen. Umgedreht auf Küchenkrepp abtropfen lassen.

Für die Füllung den Knoblauch schälen und sehr fein hacken. Die Petersilie waschen, trocken schütteln und ebenfalls fein hacken. Goldleinsamen mit 6 El Öl, Knoblauch und Petersilie mischen. Mit Salz und Pfeffer würzen.

Die Tomaten mit der Masse füllen und Parmesan darüberstreuen. Eine feuerfeste Form mit dem restlichen Öl einfetten. Die Tomaten hineinsetzen und im Backofen ca. 30 Minuten backen.

Grünkohlchips

Für 4 Portionen
150 g Grünkohl
3 El Olivenöl
mittelgrobes Meersalz

Zubereitungszeit: ca. 15 Minuten (plus Backzeit)
Pro Portion ca. 80 kcal/335 kJ
2 g E, 8 g F, 1 g KH

Den Backofen auf 120 °C vorheizen. 2 Backbleche mit Backpapier auslegen. Den Grünkohl waschen und trocken schütteln. Strunk und kleine Blätter entfernen, große Blätter in Chipsgröße zurechtzupfen. Die Grünkohlblätter mit Olivenöl vermengen und auf den Backblechen verteilen, so dass die Blätter schön locker liegen (je mehr Luft dazwischen ist, desto besser trocknen sie). Mit Meersalz bestreuen.

Die Backbleche nacheinander in den Ofen schieben und den Grünkohl jeweils ca. 40 Minuten auf der unteren Schiene knusprig backen. Dabei einen Kochlöffel so in die Ofentür stecken, dass diese leicht geöffnet bleibt und die Feuchtigkeit entweichen kann. Regelmäßig den Gargrad kontrollieren, damit der Kohl nicht verbrennt.

Tipp!
Grünkohl liegt nicht nur bei US-Stars voll im Trend – kein Wunder: Das Superfood gilt als eine der gesündesten Gemüsesorten!

Low-Carb-Brot mit Leinsamen

Für 1 kleines Brot
50 g Leinsamenmehl oder geschrotete Leinsamen
40 g Sojamehl
120 g Gluten
1 Ei
1 El zimmerwarme Butter
50 g Sahne
Salz
1 Tl Brotgewürz
10 g Hefe
Fett für die Form

Zubereitungszeit: ca. 15 Minuten (plus Zeit zum Gehen und Backzeit)
Pro Brot ca. 1160 kcal/4856 kJ
135 g E, 61 g F, 16 g KH

Leinsamenmehl bzw. geschrotete Leinsamen mit Sojamehl, Gluten, Ei, Butter, Sahne, 1 Prise Salz und Brotgewürz in eine Schüssel geben und vermischen. Hefe zerbröseln und in 40 ml lauwarmem Wasser auflösen. Zu den restlichen Zutaten geben.

Alles mit den Knethaken des Handrührgeräts mindestens 3–5 Minuten zu einem homogenen Teig verkneten, bis alle Zutaten gut miteinander vermengt sind und sich der Teig vom Schüsselrand löst. Noch einmal kräftig mit den Händen auf einer bemehlten Arbeitsfläche durchkneten, dann abgedeckt an einem warmen Ort 30–60 Minuten gehen lassen.

Den Backofen auf 180 °C vorheizen. Eine Kastenform (25 cm) einfetten. Den Teig noch einmal durchkneten, dann in der Form verteilen und auf der mittleren Schiene ca. 35 Minuten backen.

Desserts & Süßes

Schlemmen ohne Reue

Ananas-Mandel-Creme
mit Kokos

Für 4 Portionen
50 ml Kokosmilch
50 g geschälte Mandeln
100 g frische Ananas
1 Prise Zimt
1 Prise gemahlene Vanille
1 El Mandelmus
50 g Kokosraspel

Zubereitungszeit: ca. 10 Minuten
(plus Einweichzeit)
Pro Portion ca. 212 kcal/888 kJ
4 g E, 19 g F, 5 g KH

Die Kokosmilch in eine Schüssel geben und die geschälten Mandeln darin ca. 20 Minuten einweichen.

In der Zwischenzeit die Ananas schälen, putzen und in Stücke schneiden. Die eingeweichten Mandeln samt Kokosmilch in den Mixer geben. Ananasstücke, Zimt, gemahlene Vanille und Mandelmus ebenfalls zugeben und alles zu einer homogenen Masse pürieren. Zuletzt die Kokosraspel unterrühren. Die Creme bis zum Servieren kühl stellen.

Tipp!
Kühl gestellt ist die Creme ca. 1 Woche haltbar.

Schokopudding

Für 4 Portionen

1 l Vollmilch

6 gehäufte Tl Kakaopulver ohne Zucker

1 Msp. Stevia zum Süßen

60 g Gelatine Fix

Zartbitterschokolade (mind. 70 % Kakaoanteil) zum Garnieren

Zubereitungszeit: ca. 10 Minuten (plus Kühlzeit)

Pro Portion ca. 290 kcal/1214 kJ
25 g E, 14 g F, 17 g KH

Die Milch in einem Topf erwärmen. Kakaopulver mit dem Schneebesen einrühren, bis es sich vollständig aufgelöst hat. Stevia unterrühren. Zum Schluss Gelatine Fix nach Packungsanweisung einrühren, bis die Masse zu gelieren beginnt.

Den Pudding auf Gläser oder Dessertschüsselchen verteilen und ca. 30 Minuten abgedeckt in den Kühlschrank stellen. Die Schokolade raspeln und den Pudding mit den Schokoraspeln bestreut servieren.

Tipp!

Stevia ist bis zu 450-mal süßer als Zucker. Die Süßkraft variiert von Präparat zu Präparat. Beachten Sie bitte die Packungsanweisung!

Pfannkuchen mit Mandarinenquark

Für 4 Portionen

Für die Pfannkuchen:
60 g Mandelmehl
1 gestrichener Tl Guarkernmehl
4 Eier (M)
100–150 ml Vollmilch
20 ml Öl
2 Tl Zucker
1 Msp. Zimt
Salz
Öl für die Pfanne

Für den Mandarinenquark:
2 Mandarinen
300 g Magerquark
150 ml Dickmilch
½ Tl gemahlener Zimt
ggf. etwas Mineralwasser

Zubereitungszeit: ca. 30 Minuten (plus Zeit zum Ruhen)
Pro Portion ca. 340 kcal/1424 kJ
24 g E, 22 g F, 13 g KH

Für den Pfannkuchenteig Mandelmehl und Guarkernmehl in eine Rührschüssel geben. Eier mit Milch, Öl, Xucker, Zimt und 1 Prise Salz verschlagen und nach und nach unter das Mehl rühren. Darauf achten, dass keine Klümpchen entstehen. Den Teig mindestens 15 Minuten ruhen lassen.

Inzwischen die Mandarinen schälen und in Stücke schneiden. Den dabei entstehenden Saft auffangen. Quark und Dickmilch in eine Schüssel geben und gut verrühren. Zimt unterrühren. Je nach gewünschter Konsistenz Mandarinensaft oder Mineralwasser untermengen. Zum Schluss die Mandarinenstücke unterheben. Kalt stellen.

Etwas Öl in einer Pfanne erhitzen. Eine Kelle Teig in die Pfanne geben, verstreichen und den Pfannkuchen von beiden Seiten goldgelb backen. So fortfahren, bis der Teig aufgebraucht ist, die fertigen Pfannkuchen bei 50 °C im Backofen warm halten. Die Pfannkuchen mit dem Mandarinenquark servieren.

Vanillecreme mit Pistazien

Für 4 Portionen
4 El ungesalzene Pistazienkerne
200 g Frischkäse
200 g Mascarpone
1 Tl gemahlene Bourbon-Vanille
2 Tl Xucker (Xylit)

Zubereitungszeit: ca. 10 Minuten
Pro Portion ca. 430 kcal/1800 kJ
10 g E, 41 g F, 6 g KH

Pistazien hacken und in einer Pfanne ohne Fett unter Rühren rösten, bis sie aromatisch zu duften beginnen und leicht bräunen. Sofort aus der Pfanne nehmen und beiseitestellen.

Frischkäse und Mascarpone mit Vanille und Xucker glatt verquirlen. Die Creme auf 4 Gläser oder Schüsselchen verteilen und mit Pistazien bestreut servieren.

Granita mit Mandeln und Kokos

Für 4 Portionen
200 ml ungesüßte Mandelmilch
100 ml ungesüßte Kokosmilch
1 Tl Xucker (Xylit)
50 g frisches Kokosnussfleisch
50 g gehackte Mandeln

Zubereitungszeit: ca. 15 Minuten
(plus Gefrierzeit)
Pro Portion ca. 130 kcal/544 kJ
4 g E, 12 g F, 3 g KH

Die Mandelmilch mit der Kokosmilch verrühren und den Xucker unterrühren. Das Kokosnussfleisch fein hacken und mit den gehackten Mandeln unter die Milchmischung rühren.

Die Masse ca. 4 Stunden gefrieren lassen, dabei immer wieder mit einer Gabel durchrühren. Die Granita nach Belieben im Mixer pürieren und auf Gläser verteilen. Sofort servieren.

Kaffeeeis

Für 4 Portionen
300 ml Milch
1 El Xucker (Xylit)
1 El Instantkaffee
1 Ei
2 Eigelb
300 ml Crème double
40 g gehackte Cashewkerne

Zubereitungszeit: ca. 30 Minuten (plus Gefrierzeit)
Pro Portion ca. 450 kcal/1884 kJ
10 g E, 42 g F, 10 g KH

Die Milch mit 1 Tl Xucker in einem Topf erhitzen, den Xucker dabei unter Rühren in der Milch auflösen. Die Masse aufkochen, vom Herd nehmen und das Kaffeepulver einrühren.

Ei und Eigelbe im heißen Wasserbad schaumig schlagen. Die Milch-Kaffee-Mischung zugeben und alles im Wasserbad cremig rühren, aber nicht kochen. Abkühlen lassen.

Die Crème double mit dem restlichen Xucker halb steif schlagen und mit den Cashewkernen unter die Kaffeecreme heben. Die Masse in ein flaches Gefäß füllen und im Gefrierschrank 4–5 Stunden gefrieren lassen. Dabei mehrmals durchrühren.

Panna cotta

Für 4 Portionen
1 Vanilleschote
400 ml Sahne
30 g Xucker (Xylit)
3 Blatt Gelatine
Himbeeren und Kräuterblättchen zum Garnieren

Zubereitungszeit: ca. 20 Minuten (plus Kühlzeit)
Pro Portion ca. 320 kcal/1340 kJ
3 g E, 32 g F, 11 g KH

Die Vanilleschote längs aufschneiden, das Mark mit einem spitzen Messer herauskratzen. Die Sahne mit dem Vanillemark, der Vanilleschote und dem Xucker in einer Schüssel im Wasserbad erhitzen und für mindestens 10 Minuten unter Rühren köcheln lassen.

Die Gelatine nach Packungsanweisung in kaltem Wasser einweichen. Den Topf mit der Sahne vom Herd nehmen, die Vanilleschote herausnehmen und die ausgedrückte Gelatine in die Sahne rühren. Den Topf wieder auf den Herd stellen und die Gelatine auf kleiner Flamme unter Rühren auflösen.

4 Dessertschüsselchen mit kaltem Wasser ausspülen, die Sahne hineinfüllen und die Masse im Kühlschrank 4–5 Stunden erstarren lassen. Die Panna cotta zum Servieren auf Dessertteller stürzen. Nach Belieben mit Himbeeren und Kräuterblättchen garnieren.

A
Ananas-Mandel-Creme mit Kokos 114
Asia-Gemüsepfanne mit Tofu 79
Auberginen-Omelett mit Tofu 81
Avocadosuppe mit Kerbel, kalte 41

B
Blattsalat mit Hähnchenbrust 21
Brokkolisuppe 38

E
Entenbrust in Honig-Soja-Sauce 57
Erbsencurry mit Panir 89

F
Feldsalat mit Medaillons, fruchtiger 25
Forellen in Alufolie 73

G
Gemüse, mariniertes 93
Gemüsepäckchen mit Mozzarella 86
Gemüsewürfel 98
Granita mit Mandeln und Kokos 122
Grüner-Spargel-Salat
mit Pesto-Dressing 28
Grünkohlchips 109

H
Hack-Omelett
mit Paprikafüllung 53

K
Kaffeeeis 123
Kalbsröllchen Saltimbocca 52

Kokos-Möhren-Suppe
mit Garnelen 37
Kürbis-Spinat-Omelett 87

L
Lachsforellen
mit Meerrettichsahne 65
Low-Carb-Brot mit Leinsamen 111

M
Minestrone 42

O
Ofentomaten 94
Ofenzucchini 104
Orangenlachs
auf Blattspinat 62

P
Panna cotta 125
Paprikasuppe mit Gruyère 34
Pfannkuchen
mit Mandarinenquark 119
Pilze mit Speck, gebratene 97
Pilzomeletts mit Sesam 76

R
Ratatouille 85
Rinderfiletsteaks
auf Frühlingsgemüse 51
Roastbeef mit Salsa verde 59

S
Salat mit Steakstreifen, bunter 31
Schokopudding 117
Schweinefiletpfanne
Asia-Style 54
Seeteufelfilets aus dem Ofen 69
Spargelsalat
mit Feta und Nüssen 22
Steakpfanne mit Selleriepüree 49
Steinpilze mit frischen Kräutern 101

T
Thunfischsteaks
mit Olivenkruste 64
Tofu-Brokkoli-Pfanne 82
Tomaten, gefüllte 107
Tomate Mozzarella mit Asia-Touch 27

V
Vanillecreme mit Pistazien 121

W
Wildlachs mit Tomaten-Fenchel 70

Z
Zanderfilet mit Kräuterkruste 67
Zucchinicremesuppe mit Lachsstreifen 45
Zucchininudeln 103

Abkürzungen

cm = Zentimeter
E = Eiweiß
El = Esslöffel
F = Fett
g = Gramm
kcal = Kilokalorien
KH = Kohlenhydrate
kJ = Kilojoule
l = Liter
ml = Milliliter
Msp. = Messerspitze
TK = Tiefkühlprodukt
Tl = Teelöffel

Bildnachweis

Rezeptfotos:
S. 14, 16, 17, 20, 23, 26, 29, 30, 32, 35, 36, 39, 40, 43, 44, 46, 52, 55, 56, 58, 63, 64, 71, 72, 74, 78, 80, 84, 86, 87, 88, 90, 95, 96, 99, 100, 102, 105, 108, 110, 112, 115, 116, 118, 120, 122, 123, 124 und 126: TLC Fotostudio
Alle übrigen Rezeptfotos: Studio Klaus Arras

Sonstige Fotos:
Fotolia.com: S. 9 oben © michaeljung, S. 10 © Warren Goldswain

Illustrationen:
Fotolia.com: S. 7 © sveta, S. 12 © pinkcoala, S. 13, 34, 45, 47, 61, 75, 81, 82, 98 (Zucchini), 103, 113 und 121 © macrovector, S. 19, 25 und 89 © iconshow, S. 28, 33 und 51 © Marina Gorskaya, S. 41 © itmuryn, S. 76, 91, 94, 97, 98 und 107 © Sentavio